KB260500

작은 불꽃,
기성 계원식의 삶과 신앙

한승진

박문사

　　지난 세월 우리 삶과 시대와 사회와 지역은 큰 변화가 있었다. 이제는 십 년이 지나면 강산도 변한다는 말이 옛 말로 느껴진다. 요즘은 하루가 다르게 변한다. 자동차 내비게이션을 수시로 업그레이드하지 않으면 길 찾기가 어려울 정도로 지형이 변한다. 이처럼 급변하는 오늘 우리의 현실에서 미래가 아닌 과거를 그것도 아주 오래 전 사람의 이야기를 알아야만 하는 것일까?

오늘을 살기에도 바쁘고 미래를 준비하는 데도 정신이 없는 오늘 우리에게 말이다.

흔히 우리는 역사는 반복된다는 말을 한다. 미시적인 관점에서 보면 저마다 다른 사건인 것처럼 보이지만 결국, 거시적인 관점에서 보면 오묘하게도 일정한 패턴을 가지고 비슷한 사건들이 발생한다는 말이다. 이러한 반복성 때문에 우리는 과거를 통해 현재를 분석하고 미래를 대비할 수 있다고 말하는 것이다.

영국의 외교관이자 역사학자인 에드워드 카(Edward Hallett Carr)는 『역사란 무엇인가』를 통해 역사를 "현재와 과거의 끊임없는 대화"라고 표현하였다. 그의 말처럼 역사란 단순한 과거의 사실을 의미하지 않는다. 역사라면 현재를 살아가고 있는 우리에게 영향력을 끼칠 수 있어야 하고 이를 통해 보다 나은 미래를 창조할 수 있어야 한다. 우리는 역사를 통해서 많은 것을 배울 수 있다. 하지만 이 말은 반대로 역사를 통해 배우지 못한다면 계속 같은 실수를 되풀이함을 의미하기도 한다. 단재 신채호는 『조선상고사』에서 "역사를 잊은 민족에게 미래는 없다."는 말로 역사교육의 중요성을 강조한 바 있다.

조선시대 우리나라가 겪었던 수난을 생각해보자. 임진왜란 이후 일본이 다시 한반도를 침공하기 전까지 300년에 가까운 긴 시간이 있었다. 하지만 조선은 이 시간동안 하나도 바뀌지 않았다. 급변하는 변화의 물결 속에서 조선은 발전된 문물을 배우려고 하기보다는 다른 문화를 배척하고 여전히 청나라 뒤에 숨기에 바빴다. 결국 조선은 기나긴 역사 속에서 아무것도 배우지 못한 것이다. 이러한 맥락에서 오늘 우리는 기성 계원식의 삶과 신앙을 통해 오늘의 우리를 이해하고, 내일의 우리를 찾아보려 한다. 그는 가슴 아픈 역사의 한 복판에 서 있던 이 땅의 사람이었다. 그러나 그는 이 땅의 현실에서 절망하기보다는 하늘의 희망을 보았고, 그 희망의 빛에서 내일을 꿈꾸면서 씨앗을 뿌리고 온 몸으로 불꽃을 피워 올렸다. 우리는 그의 삶을 통해 역사를 배울 수 있다. 역사는 단순한 과거의 사건이 아니다. 그의 삶과 신앙을 통해 이 땅에 암울한 역사가 다시는 되풀이되지 않도록 냉철하게 현실을 바라보고 미래를 준비해보자. 우리가 서 있는 자리마다 역사는 쓰인다. 역사의 시작도 끝도 스스로 결정되어 우리의 뜻과 상관없이 세상에 던져졌다. 그럼에도 역사를 울리지 말고 역사를 웃게 하자. 화려한 역사는 고난의 세월을 지났고 처절한 역사는 아린 아픔을 견디며 그렇게 유구한 역사는 오늘도 강물이 되어 흐르고 있다.

계원식(桂元植). 그는 누구이며 오늘 우리에게 어떤 의미를 지니는가? 계원식이 누구인지 그 이름 석자를 들어본 이들은 많지 않다. 사실 그는 세계역사에 길이 빛나는 이름도 아니고, 한국역사에 큰 획을 그은 인물도 아니다. 특별히 역사적으로 위대한 업적을 남긴 것도 없고, 자신이 남긴 저서도 없고, 자료도 불충분하다. 이처럼 특출 난 인물도 아니고, 자료가 풍부한 것도 아닌데 오늘 이 시대에 그를 이야기하는 이유는 무엇인가?

사실 이 물음은 이 책을 기획하고 준비하고 쓰는 내내 머릿속을 짓눌렀다. 특별한 고민 없이 그저 간단히 답한다면 그가 전북 익산시 황등면 황등교회를 설립한 대표적인 인물이기에, 2018년 황등교회 창립 90주년기념사업의 일환과 그의 탄생(誕生) 130주년이 되는 해를 맞아 책을 내는 일이다. 이런 정도로 생각하면 쉽지는 않지만 그나마 남아있는 그와 관련된 선행문서 자료와 증언자들의 이야기를 모아 글로 엮어내는 정도로 글을 전개하면 될 일이다. 그러나 이 정도의 의미와 목적으로 책을 낼 수는 없다. 그의 신앙과 삶은 그 이상이어야 할 것 같다.

사실 필자는 '이 책을 해야 하나 말아야 하나'하는 문제로 고민을 많이 했다. 필자와 그는 특별한 관련이 없다. 필자는 그와 혈연(血緣)이든 학연(學錄)이든 지연(地緣)이든 연결점이 없다. 필자는 황등 출신도 아니고, 황등교회 출신도 아니다. 필자는 역사를 전공하지도 않았고, 단 한 번도 인물의 전기문을 써 본 적이 없고, 책을 내려고 해도 그에 대한 자료 찾기와 책에 집중할 여건이 못 된다. 필자는 가정과 학교와 신문사에 쓰는 칼럼과

책을 내는 일에도 정신없고 평생학습자로서 배우고 익히는 학업도 병행하는 처지로 그에 대한 책을 내는 일은 쉽지 않다. 자칫 서툰 글재주에 그를 제대로 다루지 못해 오히려 아니함만 못한 것이 될 수도 있다. 유명인물이 아니다보니 출판했을 때 독자들의 호감과 선택을 받을 지도 자신할 수 없다. 자료가 불충분하다 보니 작업하기도 쉽지 않다. 이런 이유로 몇 번이고 이 작업을 접으려고 했다. 그러나 결국 이 일을 안 하는 게 하는 것보다 더 힘들었다. 공교롭게도 필자가 현재 살고 있는 집은 그가 황등에서 개원(開院)하고 살던 기성의원 터가 가깝다. 이게 우연은 아니듯 싶었다.

필자는 서울 변두리인 구로구 구로동 출신이다. 부모의 고향은 경남 함양군으로 친척들이 대부분 수도권과 경상도 지역에서 살고 있다. 전라북도와는 아무런 연고(緣故)가 없다. 이런 필자가 2001년 3월 1일자로 황등교회가 설립하고 운영하는 황등중학교에 학교목사와 교사로 몸담게 되면서 자연스럽게 황등교회 교육파트 협동목사가 되었다. 지나고 나니 세월이 참 빠름을 실감한다. 황등에서 터 잡고 산 지 18년째이다. 이제는 고향인 서울이 낯설고, 황등이 고향처럼 느껴진다. 필자의 자녀들은 황등이 고향이고, 황등교회가 모(母)교회이다. 20여년 가까이 황등교회에 출석하고, 황등에 살면서 알게 모르게 그에 대한 책은 하나의 과제처럼 느껴졌다. 계원식이라는 이름 석자가, 그의 사진이 필자의 머릿속을 지배했다. 그를 알게 되면서 서툰 글재주나마 이를 통해 그를 알리고 그를 기념하는 일들이 이어지도록 해야 한다는 생각이 들었다.

글 서두에 말한 것처럼 그는 역사적으로 유명한 인물이 아니다. 그의 이야기는 한 시대를 풍미한 위대한 영웅의 일대기가 아니다. 책으로까지 다루기에는 적절한 인물이거나 업적이거나 일대기가 아니다. 그러나 화려하지 않다고 유명하지 않다고 위대하지 않다고 해서 중요하지 않거나 가벼운 것은 아니다. 작은 것이 아름다운 법이다. 작지만 그 속에 우주가 담겨 있다. 흠 없고 티 없는 삶이 아니지만, 이리 치이고 저리 치인 흔들리는 삶이었지만 인동초(忍冬草)와 같이 오래 참음으로 살아남은 생명력이 돋보인다. 신앙의 지조를 지키려고 성실하게 자기 삶을 살다간 사람으로서 그는 작은 거인이다.

필자는 이 책을 쓰기 위해 그와 관련된 자료를 찾고 증언자들을 만나면서 놀라곤 하였다. 그러면서 확신했다. 그의 신앙과 삶은 오늘 우리를 알게 하는 하나의 거울이요, 미래를 예측하는 이정표라는 것을. 이 책을 쓰면서 앞으로 이런 책이 이어졌으면 하는 바람을 가져보았다. 역사는 과거가 아니라 현재이다. 현재에 의미가 없는 시간은 역사가 될 수 없다. 이 책은 아주 오래

전에 이 땅을 떠난 그가 아니라, 그의 정신이 살아서 운동력을 발휘하는 그를 다시 조명해보려고 하는 것이다.

역사는 크고 화려한 사건이나 인물만 중요한 게 아니다. 우리 지역의 역사, 우리 지역의 지리, 우리 지역의 이야기도 중요하다. 우리 지역에 전해 내려오는 전설이 있고, 우리 지역에 사람들이 있었다. 우리의 삶은 하늘에서 툭 떨어진 것이 아니라 우리가 잘 알지는 못하지만 이전부터 살아온 사람들의 삶과 이야기가 역사가 되어 우리를 있게 한 것이다. 그러니 오늘 우리와 내일의 우리를 알려면 이전 시대 사람들의 역사를 알아야한다. 이런 점에서 향토사연구와 우리지역 알기는 중요한 일이라고 본다.

얼마 전 우리 동네 어르신 자서전 쓰기교육을 접했다. 이 작업은 학생들이 어르신들의 삶을 접하고 그 삶이 정리되면서 역사로 전해지고 뜻깊은 일이었다. 이를 통해 과거와 현재가 만나고 미래가 열림을 알았다. 앎은 삶으로, 배움은 실천으로 이어짐이 좋다고 본다. 선한 욕심으로 이 작업을 계획하는 중이다. 그의 역사는 필자가 살고 있는 황등 지역의 향토사연구의 시작점이 될 것이다. 또한 다른 지역에서도 지역의 역사와 어르신을 찾고 기념하고 계승해나가는 살아서 운동력이 있는 역사운동이 될 것이다.

이 책은 필자가 쓴 『사랑의 종, 그 언저리에서 길을 묻다』(박문사, 2016)에서 다룬 그의 역사와 의미를 중심 틀로 해서 보완과 수정작업을 거쳐 다시 쓴 형태를 취하고 있다. 이 책을 쓰면서 주저하고 또 주저한 것은『사랑의 종, 그 언저리에서 길을 묻다』와 다른 내용으로나 이를 넘어서는 내용을 써야 하는데 그렇게 하기가 쉽지 않음이었다. 그에 대한 자료를 목마른 사슴이 시냇가를 찾듯이 찾아봤지만 쉽지 않았다. 어렵게 어렵게 단 한 문장의 증언이나 자료가 나오면 뛸 듯이 기뻤다. 이번 책에 그런 것들이 곁들여진 것에 뿌듯함을 느꼈다. 그러나 이 책은 필자의 역량부족으로 미진한 부분이 많다. 이 책은 완결판이 아닌 미완의 책이다. 이 책을 통해 필자가 미처 찾지 못한 자료나 증언들이 나오기를 기대해 본다. 차후에 필자나 후행연구자가 나와서 개정판을 내거나 수정해 나갔으면 좋겠다.

책을 낼 때마다 어눌한 글샘으로 인한 부족함에서 오는 부끄러움과 감사한 마음에서 느끼는 부유함이 교차한다. 좀 더 완성된 글을 쓰지 못하고, 설익은 것을 독자 앞에 내 놓으려니 능력의 부족을 실감한다. 그러니 부끄러움이 크다. 그러면서 그나마 이 정도로 이 책이 나올 수 있음은 알게 모르게 함께해준 이들의 큰 은혜와 협력이 있었기 감사한 마음에 마음이 부자인 듯 흡족하다. 그런 점에서 이 책은 혼자 쓴 것이 아니다. 그 이유는 여러 사람이 마음을 모으고 뜻을 모으고 힘을 보태주는 도움을 주었기에 가능하였기 때문이다.

증언을 해주시고 글을 살펴봐주신 김재두 황등교회 원로장로님과 멀리 미국에서 자료를 제공해주신 계원식 장로님의 손자이신 계지영 목사님과 외손녀이신 조혜자 사모님과 서울의 손녀이신 계혜순 집사님과 외손자이신 조기철 목사님과 황등교회 조춘식 장로님과 김화순 권사님과 고석조 동련교회 원로장로님과 백낙규 장로님의 손자이신 동련교회 백기선 장로님과 호남대 교수를 역임하신 백운선 장로님에게 깊은 감사의 말씀을 전한다. 또한 교정으로 함께해주신 황등교회 김순자 권사님과 이경희 집사님에게도 감사의 말씀을 전한다.

이 책이 나올 수 있도록 힘써 주신 황등교회 정동운 담임목사님과 90주년위원회 송영대 장로님과 추념시(追念詩)를 써준 이성혁 청년과 독후감을 써준 성일고등학교 이철은 학생에게도 감사의 말을 전한다. 이 책은 2018년 황등교회 90주년과 계원식 탄상 130주년을 기념사업의 일환으로 출판된 것임을 밝힌다.

기성의원 터에서
계원식을 되새기면서

한 승 진

○

황등교회의 역사보존과
계승을 위한 힘찬 발걸음

창립 90주년을 맞은 우리 황등교회는 교회의 역사와 전통, 교회의 창립정신을 분명히 하고 이를 다음세대에게 계승하는 귀한 사업을 진행하기로 하였습니다. 이 사업의 출발은 바로 우리 교회를 창립하는데 가장 큰 공헌을 한 기성 계원식 장로님의 일대기를 출판해서 그의 삶과 신앙을 되새기고 널리 알리고 본받는데 있을 것입니다.

안타깝게도 우리 교회는 설립자 대표 계원식 장로님의 삶과 신앙이 갖는 의미에 비해 우리 교회 다음세대들의 역사의식은 턱없이 부족합니다. 황등교회는 계원식 장로님을 비롯한 믿음의 선진들이 피와 땀과 눈물로 헌신하며 순교로 일궈낸 거룩한 공동체입니다. 황등교회 초대 교인들은 한국근현대사의 참혹한 시련 속에서도 오직 믿음으로 지역 복음화를 위해 기도하며 지역민들을 섬기는 헌신의 삶을 사셨던 신앙의 흔적을 우리는 발견하게 됩니다.

그 중에 계원식 장로님은 교회가 지역을 섬기고 나라 사랑을 실천하는 사명을 감당하기 위해 온 몸으로 실천한 사람이었습니다. 장로님은 우리 믿는 이들과 지역 사람들에게 화해와 화목으로 성숙해지도록 헌신하였습니다. 계원식 장로님과 함께한 많은 사람들이 그를 신행일치·언행일치의 삶을 살았다고 회고합니다. 성경 말씀대로 살려고 노력했다는 것입니다.

은유한 성품으로 모든 사람을 존중하면서 사셨고, 가난하고 병들고 못 배운 이들을 불쌍히 여기는 마음, 용서하는 마음, 검소함과 절제의 마음으로 일생을 사셨으며, 오랜 세월 한결같은 몸가짐과 마음가짐으로 가정과 교회와 지역에 모범을 보인 장로님의 삶의 흔적을 보면 저절로 고개가 숙여 집니다.

장로님은 사람을 섬기는 것이 곧 하나님을 섬기는 일이라고 여겼습니다. 그는 여자와 어린아이에게도 존대어를 사용하셨습니다. 그래서 계원식 장로님을 대하는 사람들은 언제나 마음의 평안을 갖게 되는데, 그 이유는 환한 웃음, 친절과 다정함으로 사람을 존중하는 성품이 생활화되었기 때문이었습니다. 그래서 장로님이 함께하는 모임은 화기애애하고 부드러운 분위기가 감돌았는데, 그 이유는 장로님의 화합의 품성이 그렇게 만들었다는 것입니다.

계원식 장로님은 돈과 명예, 권력 같은 것을 탐하지 않는 순수한 신앙인이셨습니다. 검소하게 사셨고, 자신의 뜻보다 하나님의 뜻을 따라 자신에게 주어진 사명을 수행하기 위한 삶을 사셨습니다. 부·명예·권력을 누릴 수도 있었으나 그렇게 살지 않으셨습니다.

역사는 과거와 현재와의 만남 속에서 완성됩니다. 오늘 이 시대를 살아가는 우리의 삶 속에서 계원식 장로님의 삶과 신앙의 의미는 끊임없이 재해석 되어야 합니다. 우리 교회 설립자 대표이신 계원식 장로님의 삶과 신앙을 이해하고, 계승 발전해 나아가야 할 것입니다.

그러므로 계원식 장로님의 삶과 신앙을 아는 것은 우리 교회의 뿌리를 아는 것과 같습니다. 이 책의 출판으로 우리 교회가 뿌리 깊은 믿음의 토대 위에서 든든히 서 가게 되는 계기가 될 것이라 믿습니다. 우리는 앞으로의 역사를 일궈낼 주체인 만큼 계원식 장로님이 남기신 믿음의 유산을 마음에 깊이 새기고, 창립 90주년을 지나 100년을 향하여 나아가는 역사와 전통이 살아

숨 쉬는 황등교회가 되리라 기대해 봅니다.

　이제 온 교회가 마음을 모아 계원식 장로님의 삶과 신앙을 기념하고 계승하며, 장로님이 따르던 예수 그리스도의 삶의 자취를 따라가는 복음의 대장정을 펼쳐나가는 황등교회가 되시기 바랍니다.

황등교회 담임목사

정 동 운

◦

기성, 민들레 씨앗으로 우리 가슴에

이성혁*

가여운 어린 양이 길을 걷는다.

그 길은 짖눈깨비 눈이 휘날리고 땅은 거칠어

어른 양도 다가서지 못한다.

그 길이 험하다는 걸, 아는지 모르는지 지나가던 어른 양이

물었다.

"무엇을 향해 가느냐?"

"저기 보이는 민들레 씨알을 잡으러 갑니다."

어른 양은 당차게 걷는 그의 발을 잡지 못했다.

자신의 몸을 휘어 감는 바람으로 아픈지, 시려 오는지 웃으면서

---

* 원광대 인재학과 3학년으로 시 쓰기를 즐겨하는 황등교회 청년이다. 제2회 기
  성 계원식 기념 화해문예제전 전북기독신문 사장상, 제3회 기성 계원식 화해문
  예제전에서 전라매일신문 사장상을 수상하였다.

두 손 안에 조심스럽게 민들레 씨앗을 담았다.

어린 양은 무엇을 보았는지

무엇을 꿈꿨는지

그 씨앗을 조용히 심었다.

어린 양의 씨앗은 민들레가 되고

민들레의 씨앗이 날려 험준한 그 길은

황홀한 금빛물결을 일궈냈다.

금빛물결의 길은

거대한 소망으로 사명으로 믿음으로 사랑으로

커져만 간다.

차
례

19

계원식이 살았던 시대적 배경

그는 생존 시 쓰던 호(號)에 대해서는 알려진 바가 없다. 필자는 그의 신앙과 삶을 이어받는 뜻으로 기념사업을 진행하면 좋겠다는 생각을 하였다. 그 일환으로 화해문예제전을 펼쳤다. 이때 그의 이름 앞에 호를 추존해서 붙이는 의미인 추호(追號)로 '기성(箕城)'을 넣어 보았다. 그 이유는 기성이라는 말을 덧붙여 보니 그를 기념하고 그의 삶과 정신을 되새기는데 더욱 효과적인 듯싶었기 때문이다.

그의 고향은 평양이다. 고향을 떠난 이들이 고향을 그리워하면서 고향의 이름을 따서 이주한 지역의 이름을 짓거나 사업 터에 이름을 붙이는 일이 많다. 그 이유는 출생과 어린 시절을 보낸 고향을 잊지 못하는 하나의 귀소본능(歸巢本能)에 따른 것이기 때문이다. 그는 1919년 3.1운동 직후 상해임시정부에 독립군 자금을 제공한 일로 신변에 위협을 느껴 급하게 고향을 떠나게 되었고, 그 후로 단 한 번도 고향을 갈 수 없게 되었다. 그는 남달리 고향을 그리워하였다. 기성(箕城)은 그의 고향이다.

기성은 한자로는 기성(箕城)과 기성(箕城)으로 혼용해서 쓴 것으로 같은 곳이면서 자세히 보면 다른 의미가 담겨 있다. 평양 전체를 말할 때 기성(箕城)이라고 쓴다. 이 기성(箕城)에서 변두리 지역에 대나무 숲이 울창한 곳은 토(土)가 덧붙여진 대나무 기(箕)로 해서 기성(箕城)으로 쓴다. 그러므로 그의 고향은 평양이면서 좀 더 자세히 말하면 평양의 외곽 지역이다. 이는 그의 집안이 평양 지역의 중심계급인 양반이 아닌 상민인 것을 연상시킨다. 그리고 그가 중심지가 아닌 주변지역에 머무는 의미도 담겨 있다. 그는 평생을 중심에 서기보다는 주변에서 묵묵히 자기 자리를 지키는 삶이었다. 이는 그가 평생을 흠모하면서 따르는 예수님이 중심인 예루살렘이 아닌 주변인 갈릴리에서 활동하신 모습도 떠올리게 한다.

 작은 불꽃, 기성 계원식의 삶과 신앙

기성(箕城)의 유래는 다음과 같다. 기성은 조선시대 사대부(士大夫)들이 평양을 '기자(箕子)의 도읍지'란 뜻에서 '기성(箕城)'이라고 부른 것에서 시작된 지명(地名)이다. 기자가 평양으로 와서 기자조선의 왕이 되었다는 이른바 '기자동래설(箕子東來說)'이 있다. 오늘날 우리는 기자가 누군지 잘 모르지만 고려시대와 조선시대 유학자들에게 기자는 국가의 뿌리(國祖)인 단군(檀君)에 버금가는 숭배(崇拜)의 대상이었다. 세상을 중화족(中華族)과 이족(夷族)으로 나누는 화이관(華夷觀)[1]으로 바라보던 고려시대와 조선시대의 유학자들은 중국에서 온 기자를 우리 선조로 삼으면 우리 민족이 오랑캐(夷)가 아니라 중국과 같은 중심(華)이 된다고 생각했다. 기자존중사상이 우리나라 사대주의의 뿌리라는 점에서 '기자동래설'은 중요한 의미였다. 그는 유

---

[1] 화이사상은 중국이 세상에 중심에 위치해있다는 우월주의 사상이며, 다른 주변민족들을 이·만·융·적이라 칭하며 열등한 종족으로 인식한 사상이다. 주나라 대부터 화이관이 형성되기 시작했으며, 중국인들은 혼인·회맹을 통해 유대감을 형성한 집단 이외의 종족들을 배척했다. 그러나 전국시대에 이르러 이러한 혈연적·종족적인 화이관 대신 옛적 질서를 기준으로 한 문화적 화이관이 대두했다. 우리나라에서는 13세기경부터 화이관에 의한 국제질서 관념이 받아들여지면서 중화문화를 인류 보편적 문화로 인식하고 자기나라를 작은 중화로 인식하게 됐다. 이는 19세기 후반 위정척사파(衛正斥邪派)에게까지 영향을 미쳐, 존왕양이(尊王攘夷)를 내세워 중국문화와 그를 계승한 우리나라 문화의 우월성을 주장하면서 서구문화를 새로운 적의 문화로 여겨 철저히 배척하는 태도를 보이게 했다.

학자들이 중요하게 여기는 기성(箕城)의 주변부인 기성(箕城)에서 태어나고 자랐다. 그는 기성(箕城)의 기(箕) 자(字)가 대나무인 것처럼 신앙의 지조를 지키고 자기관리에 철저한 사람이었다. 그는 1908년 기성이라는 이름이 들어간 기성측량학교(箕城測量學校)를 졸업하였고, 그가 경성의학전문학교를 졸업하고 처음 개업한 의원의 이름을 '기성의원(箕城醫院)'이라고 지었다. 기성의원은 그가 직접 지은 이름이었고, 여기서 나온 수입으로 독립자금을 대고 교회를 섬기다가 일본경찰로부터 고초를 겪었다. 그가 황등에서 새롭게 문을 연, 그의 삶의 터전은 기성의원의 재개였다. 그는 평양 외곽 마을인 기성에서 출생해서 평양 기성의원에서 시작해서 황등 기성의원으로, 평생을 기성이라는 이름과 함께하였다. 이런 이유로 기성이라는 이름으로 추호(追號)를 붙이는 것이 좋겠다고 여겼다.[2]

그는 1888년 9월 9일 평양 변두리 지역 마을인 기성(箕城)에서 출생하였다. 그의 출생 시기는 혼란과 변화가 극심한 시기였다. 그가 출생한 1880년대는 나라의 기운(國運)이 기울어질 대로 기울어진 시기였다. 국제적으로는 서양 열강과 일본 제국주의의

---

002 졸고, 『제1회 기성 계원식 기념 화해 문예제전』, 「기획안」(2016년 4월 24일), 2쪽.

 작은 불꽃, 기성 계원식의 삶과 신앙

침략이 노골화되어갔다. 나라의 운명이 바람 앞에 놓인 촛불(風前燈火)과 같이 매우 위태로운 시기였다. 일본과 중국(淸), 미국, 영국, 러시아 등 세계 열강(列强)들의 군대가 수시로 조선[3] 침략의 야욕(野慾)을 드러내고 있었다. 1885년에는 영국의 불법적인 거문도 점령 사건이 발생하였다.

국내적으로는 1882년에 봉건사회의 해체와 더불어 군대 내의 부패를 계기로 임오군란이 발생함으로써 국방력의 약화현상이 노출되었고, 반외세 운동의 지도자였던 흥선대원군이 청나라

---

003 필자는 편의상 조선이라는 용어를 썼다. 그 이유는 '조선', '한국'이 혼용되는 것 같기에 이를 통일하는 게 좋다고 여긴 때문이다. 한국은 대한제국을 줄여서 한국이라고 할 수 있으나 대한제국이 국민주권에 의한 것이 아니라 조선왕조를 그대로 이어서 국호만 개칭한 한계가 있기 때문이다. 대한제국은 황제가 통치하는 국호이지만 실상은 그 안에 친러파, 친청파, 친일파가 득세하였고, 제대로 외교권을 행사하지 못하다가 결국 1905년 을사늑약으로 외교권을 잃고 1907년에는 강제로 고종이 퇴위당하기까지 하였기에 이 시기에 살았던 이들을 한국인이라고 하기는 애매한 측면이 있다. 이 당시 많은 사람들은 일제강점기에도 조선인으로 이해하는 경향이 강했고 일제도 그러하였다. 그러나 필자는 1919년 3.1운동 이후 상해에 임시정부가 만들어지면서 국호를 대한민국으로 하였고 우리 정부가 제1공화국 때부터 지금까지 3.1운동의 정신을 이어받아 상해임시정부의 법통을 계승한 것으로 보기에 1919년부터를 한국이라고 칭하려고 한다. 물론 1919년 이후 우리나라가 독립된 것은 아니다. 그러나 우리나라의 많은 국민들이 나라의 독립을 위해 싸웠고 그 정신으로 임시정부가 탄생하였고 계원식이 바로 이 3.1운동직후 만들어진 상해임시정부에 독립자금을 댄 것의 의미가 크다. 이런 이유로 편의상 1919년 3.1운동 이전은 그냥 조선, 조선인으로 통칭하고 그 이후는 일제강점기이지만 한국, 한국인이라고 통칭할 것이다. 일제강점기에 일제가 우리를 조선, 조선인이라고 한 것을 우리가 그대로 따를 필요는 없다.

군사들에게 납치되어 청나라 허베이 성 보정부(保定府)에 유폐
되기도 하였다. 1884년에는 갑신정변의 주요세력으로 봉건사회
를 해체하고 서양문물을 받아들여 개화를 이룩하자는 개화파와
외세의 침입을 물리치려는 반외세 세력 및 봉건 세력 사이의 대
립 관계가 첨예화되는 시기이기도 하였다.

1894년에는 '동학농민혁명'이 일어나 한반도 중남부를 휩쓸
었다. 그것은 민중의 반란으로 그치지 않았다. 수천 년의 전통을
이어온 불교와 유교에 대한 비판정신, 새로운 종교인 천도교의
교리와 사상을 전국 방방곡곡에 심어주고 있었다. 천도교는 기
성 종교에 물들지 않은 많은 사람들의 마음을 뒤흔들어 주었을
뿐 아니라, 한반도로 들어오는 기독교 세력에 대한 사상적 반대
세력을 대표하기도 했다.

1894년 '갑오개혁'은 비록 외세의 영향을 받기는 했지만 국민
생활과 서정에 큰 변화를 준 것으로 보수 세력을 견지하려는 일
부 인사들에게는 위험한 풍조로 받아들여졌다. 그러나 억눌린
민중에게는 새로운 기대를 안겨주는 생활과 의식혁명의 하나로
받아들여졌다. 그러나 더 큰 역사적 변혁이 파도와 같이 외부로
부터 밀려들고 있었다. 세계열강들이 독립의 명맥을 유지하고
있던 우리 조국을 강점하려 각축을 벌이고 있었다. 새벽잠에서
깨어나지 못하고 있는 '고요한 아침의 나라'를 넘나드는 제국주

의 열강들은 거의 빠짐없이 우리나라의 문호 개방을 강압적으로 요구해 왔다. 영국·독일·미국·프랑스가 그랬는가 하면 국경을 접하고 있는 중국·러시아는 물론, 바다 건너 일본도 오래전부터 대륙의 침투를 노리고 있었다.

우리나라의 현실은 마치 사나운 짐승들 앞에서 떨고 있는 한 마리 토끼와도 같은 신세였다. 더 불행한 것은 이런 위태로운 현실을 알고 있는 이들이 극소수에 불과했다는 것이었다. 참으로 가슴 아픈 현실이었다. 이미 일본의 군사력과 상품들이 한반도 전역을 휩쓸고 있었으며, 중국대륙을 배경 삼는 거대한 힘이 넘나들고 있었다. 그런가 하면, 당시 아라사라고 불리던 러시아도 흐시탐탐 남침(南侵)의 기회를 엿보고 있었다. 무력하고 방향감각을 잃은 조선은 제대로 주권을 행사할 능력도 갖추지 못하였고, 친러파·친청파·친일파 등으로 갈라져 국론의 통일을 기대하기도 어려웠다. 결국 두 차례의 전쟁이 일어났다. 그 하나가 1894년 7월에 일어나 10개월 동안 계속된 '청일전쟁'이다. 전쟁의 목적은 '중국과 일본 중 누가 조선을 수중에 넣는가'에 있었다. 우리나라 서해안에서 일어난 해전을 계기로 결국 일본이 승리를 거뒀다. 이제 일본은 거리낌 없이 노골적으로 조선을 침략하기 시작하였다.

또 하나의 전쟁은, 아시아로 남침을 감행하는 러시아와 일본이 맞붙은 '러일전쟁'이다. 이미 조선에 대한 정치력은 일본의 손에 넘어간 셈이었으나, 만주를 누가 차지하는가 하는 문제로 인해 전쟁이 일어났다. 전쟁은 만주를 무대로 8개월 만에 끝났다. 이번에도 역시 일본이 승리를 거뒀다. 이제 일본은 확고하게 조선을 지배해 나갔다. 일본은 1905년 11월 '을사(乙巳)늑약'을 강제로 체결하여 우리의 주권을 약탈하고는 '통감부'를 설치하였다. 2년 후에는 고종(高宗) 황제를 강제로 퇴위시키고, 군대를 해체시켰다. 이제 조선이 일본의 식민지가 되는 건 시간문제일 뿐이었다. 이렇게 모든 준비를 갖춘 일본은 이완용을 위시한 친일파들을 내세워 마침내 '한일합방' 조약에 서명하게 만들었다. 1910년 8월 29일, 국권을 침탈당한 조선은 마침내 세계지도에서 사라지고 말았다. 이 날의 치욕과 고통을 가리켜 경술국치(庚戌國恥)[4]라고 한다.

---

004 경술국치란 '경술년에 일어난 치욕스러운 일'이라는 뜻으로 일제에게 우리나라가 주권을 완전히 **빼앗긴** '한일합병'사건을 말한다. 일제는 무력을 앞세워 1905년 을사늑약(을사조약)을 통해 외교권을 **빼앗고**, 1907년 한일 신협약을 통해 군대를 해산하는 등 조선을 식민지로 만들기 위한 작업을 차근차근 준비해 갔다. 1910년 일본 육군대신 데라우치가 3대 통감에 취임하면서 한일합병은 더욱 **빠르게** 추진되었다. 일본의 헌병이 경찰 업무를 대신하면서 조선인들을 위협했으며, 일본의 정책에 반대하지 못하게끔 신문·잡지를 엄중하게 검열하였다. 조선은 사실상 일본의 통제 아래에 놓이게 된 것이다. 이렇게 만들어 놓은 후, 친일파 총리대신 이완용에게 한일합병 조약안을 통과시키도록 하여, 결국 이완용과 데라우치 사이에 합병 조약이 체결되었다.

 작은 불꽃, 기성 계원식의 삶과 신앙

이렇듯 조선의 국운(國運)은 퇴락의 길로 접어들었다. 경제적 시련과 정치적 무능, 이로 인한 사회적 혼란은 극에 달했다. 뜻이 있는 사람들은 자주독립을 위한 애국심을 불태웠고, 대중은 어떤 새로운 세력이나 영도자의 출현을 열망하고 있었다. 이렇게 새로운 것이 절실히 요구되는 역사적 전환기에 그는 태어났고, 자랐다. 이처럼 암울한 소식이 계속해서 들려올 때마다 그의 가슴은 찢어지듯이 아팠다. 그 당시 생각이 있는 조선인이라면 누구나 민족을 걱정하고 나라를 사랑하는 마음이 간절했을 것이다.

창덕궁의 대조전에서 이루어진 합병 조약의 내용은 우리나라의 통치권을 일본 천황에게 넘긴다는 것이었다. 임금의 마지막 승인(承認)이 남았을 때, 문서에 찍을 도장(玉璽)이 보이지 않았다. 도장을 찍지 못하게 하려고 왕비인 순정효 황후 윤 씨가 옥새를 숨겼던 것이다. 그러나 친일파인 윤덕영 등에게 옥새를 빼앗겨, 조선은 건국 519년 만에 끝이 나고 이후 35년간 일제의 식민지가 되었다.

계원식의 고향, 평양은 어떤 곳인가?

그가 태어나고 자란 평양은 본래 고구려와 고려의 유구한 역사가 살아 숨 쉬는 지역으로 강인한 개척자 정신의 맥(脈)이 흐르는 곳이었다. 평양은 활발한 상권이 활성화되고 문화와 교육과 신앙의 중심지이기도 하였다. 평양의 선각자들은 민족의 미래를 위해 서양식 교육과 기독교를 받아들였다. 그는 평양에서 새로운 문물을 접하고 교육받으면서 자랐다.

'평양'이라는 지명(地名)은 원래 우리나라 고유말 '부루나'를 한문(漢文)으로 옮기면서 생긴 말이다. '부루나'란 말은 '평평한 땅, 벌판의 땅'이란 뜻을 가진 말이다. 예로부터 평양 일대는 벌판이 많고 땅이 기름진 지대이며 강을 끼고 있으므로 교통에도 편리한 지대였다. 평양에 대한 지명에는 한문으로 서로 다르게 옮긴 결과로 생긴 '평천', '평나'와 같은 이름들도 있었다. '평천'이나 '평나'도 다같이 '평양'과 마찬가지로 고유말 '부루나'를 한문으로 옮긴 말이다. 옛 문헌들에서는 평양을 다른 이름으로 부르기도 하였다. 『삼국사기』와 『고려사』에는 고조선 시기에 평양을 '왕검성(王儉城)'이라고도 하였다는 기록이 있다. 이것은 고구려의 시조왕(始祖王)인 주몽이 도읍한 거룩한 도시(聖都市)였다는 뜻에서 부른 것이다.

918년에 고려를 세운 고려 태조 왕건은 평양이 지리적 위치로 보나 경제·문화적으로 봐서 개경보다 중요한 도시라는 것을 인정하고 평양으로 수도를 옮기려 한 적이 있다. 고려는 평양을 '서경(西京)', '서도(西都)'라고 하였다. 그것은 '서쪽에 있는 수도'라는 데서 비롯된 지명이었다. 이처럼 고려는 평양이 정식 수도는 아니었지만, 수도에 못지않게 중요시되는 도시였다. 조선이 건국되면서 태조 이성계는 그의 즉위년에 기자묘(箕子墓)에서 단군(檀君)을 함께 제사 지내도록 함으로써 이 지역에 대한 관심을 표명하였다. 태조는 1395년 평양에 도선무순찰사(都宣撫巡

察使)를 보내 서북 방면을 관장하게 하였다. 세종은 1413년 지방 행정 개편시 서북면을 평안도(平安道)로 개편하고 이곳을 평양 부라 하여 관찰사를 두어 행정과 군사를 돌보게 하였다. 1429년 에는 단군과 고구려의 시조인 동명왕을 함께 모신 숭령전(崇靈殿)을 건립하였고, 기자묘를 숭인전(崇仁殿)으로 부르게 하면서 봄·가을에 제사를 지냈다. 당시 평안도의 주민은 극히 소수였다. 세종과 세조시대에는 사민정책(徙民政策)을 실시하여 남부 지방 주민들에게 여러 가지 혜택을 주면서 평안도 각지로 이주 하게 하였다. 사민 정책은 일종의 이주 정책이라고 할 수 있다. 조선 세종 때는 4군 6진을 개척하면서 더욱 적극적으로 사민 정책을 추진했다. 사민 정책의 목적은 인구가 부족하고 이민족이 사는 지역에 삼남 지방의 주민을 살게 하여 영토를 확고히 지키고 방어와 부세에 필요한 인구를 확보하는 데 있었다. 또한 농업 개발과 하삼도(삼남 지방)의 선진 농법을 보급하는 데도 중요한 의미가 있었다. 사민 정책에 응하는 양인에게는 자품을 올려주고 토관직을 주기도 했으며 향리에게는 면역과 관직에 나갈 수 있는 권리가 주어졌다. 또한 사민 정책을 따르는 천인에게는 양인의 신분 상승과 이를 통해 관직에 나아갈 수 있는 기회를 약속했다. 이로써 이 지역의 인구는 점차 증가하게 되었다.

　1592년 임진왜란이 일어나자 선조는 의주로 파천(播遷)하였다. 이를 뒤쫓던 왜군은 7개월 동안이나 평양을 점령하면서 온 갖 만행을 저질렀다. 평양은 병자호란 때는 후금(後金)의 점령 하에 들어가 많은 피해를 입기도 하였다. 영조는 계속된 외세의 침략으로 피폐해진 평양을 재건하기 위하여 1733년에 평양성과 도시의 일부를 수축하도록 지시하였다. 그러면서 평양은 풍부한 물산과 유통 중심지로서 서북지방의 중심지 역할을 하였으며, 청나라와의 무역에 종사하는 상인들도 계속 늘어나 번성하였다.

평양은 1866년에 발생한 제너럴셔먼호 사건 때는 극렬하게 서양 세력에 거부한 적이 있었고, 1894년의 청일전쟁으로 이 지 역은 청·일군간의 격전지가 되어 많은 피해를 입기도 하였다. 이런 일들을 겪으면서 이 지역 사람들은 서양문물에 대해 눈뜨 게 되었고 이를 적극적으로 수용하려는 자세를 보였다. 이런 이 유로 이 지역에서 다수의 개화파 인물이 배출될 수 있었다. 평양 은 1895년에 실시되었던 23부제(部制)에 의하여 평양부로 되었 다가 1896년의 13도제(道制) 실시로 평안남도의 도청소재지가 되었다. 1905년 을사늑약[5]에 의하여 통감정치가 시작되자 일제

---

005 광무 9년인 1905년 11월 17일 일본의 강압으로 한국과 일본 사이에 을사늑약 이 체결됐다. 일본이 한국의 외교권을 박탈하고, 내정 장악을 위해 통감부를 설치하는 것이 핵심 내용이다. 명목은 한국을 일본의 보호국으로 삼는 것이 었지만, 실상은 한국의 주권을 빼앗고 식민지를 만들겠다는 것이었다. 을사 늑약(乙巳勒約)의 체결로 일본은 한국에 대해 식민지에 준하는 통치와 수탈

는 이곳에 통감부 이사청(理事廳)을 두었다. 1910년 조선총독부가 식민통치를 시작하면서 관찰사와 이사관을 폐하고, 도장관(道長官)을 두어 평안남도와 평양을 관장하게 하였다. 그 뒤 1914년에 평양부를 다시 두어 부윤(府尹)으로 하여금 평양부를 통괄하게 하였으며, 이때 평양지역 일부와 주변의 읍·면을 분리하여 대동군을 신설되었다.

그가 태어나고 자랄 당시 평양은 정치적, 사회적 격변기를

을 자행하였다. 을사늑약은 불법으로 강요된 늑약(勒約)이었다. 대한국(大韓國) 국제(國制)는 황제가 외국과의 조약권을 가진 것으로 적시했지만, 고종 황제는 을사늑약을 재가하지 않았다. 때문에 이는 당연히 무효인 조약이었다. 한국의 외부대신 박제순(朴齊純)과 일본의 특명전권공사 하야시 곤스케(林權助)의 이름으로 체결된 조약에는 고종의 위임장이 첨부되지 않았을 뿐만 아니라 조약의 명칭도 기재되어 있지 않았다. 그래서 이 조약을 을사늑약이라고도 한다. 고종은 이 같은 점을 들어 조약의 불법성과 무효를 국제사회에 강력하게 호소했다. 고종은 조약 체결 이후 "짐을 협박하여 조약을 조인했다."라며 무효를 선언하고, 해외에 친서를 보내 이를 호소했다. 고종의 무효화 선언 움직임이 계속되자 결국 일본은 1907년 7월 고종을 강제로 퇴위시키고, 순종(純宗)을 즉위토록 했다. 연호도 융희(隆熙)로 바뀠다. 을사늑약 체결은 전 국민의 의열투쟁과 항일 운동을 불러왔다. 전·현직 관료와 유생들이 조약 폐기와 을사오적 처단, 국권 회복 등을 주장하며 상소하고 자결 투쟁을 벌였으며, 수천 명의 군중이 경운궁 앞에 집결해 조약 체결에 항의하는 등 각지에서 집단 시위가 이어졌다. 종로 상인들은 항의의 뜻으로 철시하기도 했다. 고종의 시종무관장인 민영환(閔泳煥)은 좌의정 조병세(趙秉世)와 함께 조약 무효 등을 주장하다 11월 30일 국민에게 유서를 남기고 할복 자결했다. 조병세와 전 참판 홍만식(洪萬植), 전 대사헌 송병선(宋秉璿), 학부 주사 이상철(李相哲) 등은 음독 자결했다. 민영환의 유서는 〈대한매일신보〉 1905년 12월 1일자에 실려 항일 운동을 격화시키는 동력이 되기도 했다.

 작은 불꽃, 기성 계원식의 삶과 신앙

거치며 여러 가지 변화가 일어나고 있었다. 오래전부터 우리나라 서북지방은 이른바 사대부나 명문가 집안들에겐 환영받지 못하는 곳이었다. 그래서 세력을 잃고 중앙에서 밀려난 양반가나 평민들이 일찍부터 터를 잡고 있었다. 사회 구성원의 성향이 이렇다 보니 신분의 차별이 다른 곳보다 덜했다. 인관관계에 있어서도 양반과 상민과 천민의 도리보다 평등사상이 자연스럽게 퍼져 있었다. 그러다보니 서북지방은 매우 개방되고 소탈한 생활 풍토를 갖게 되었다. 서북지방은 지리적으로 일본보다는 중국에 가까웠기 때문에 중국인들의 왕래와 교류가 많았다. 평양은 신흥도시로 성장하였는데, 그 핵심에는 다른 지역과 분명하게 다른 특징이 하나 있었다. 그것은 기독교의 영향이었다. 불교나 토착종교 등 기존 종교 세력이 미약했던 평양 일대는 기독교의 영향력이 급속도로 퍼져나갔다.

대동강은 평양 시내의 동쪽에서 와서 남북으로 흐르고 있는 아즈 아름답고 풍만한 강이다. 시내의 산에는 고개(峴)마다 예배당이 있다. 제일 먼저 있는 고개가 장대현이고, 거기에 장대현교회가 있었다. 그다음 산정현 고개에 산정현교회가 있었다. 평양에는 선교사들이 많이 거주하다보니 서양인 마을(洋村)이 있었고, 1901년에 평양장로회신학교가 있었다.

평양주민들은 교회와 교육의 혜택을 누리고 있었다. 많은 선교사가 평양을 드나들며 교회를 세웠다. 이들은 서양 문물을 들여오고 학교를 설립하고 복지사업을 펼쳐 지역에 많은 도움을 주었다. 이를 통해 많은 평양주민들이 기독교에 호의적이었고, 기독교인이 되었다. 그러다보니 평양을 기점으로 신의주로, 진남포를 거쳐 황해도로, 기독교가 퍼져 나갔다. 당시의 평양을 가리켜 '한국의 예루살렘'이라고 표현할 정도였다.

기독교가 정착된 곳에서는 기독교 신앙운동과 더불어 두 가지 결과가 나타났다. 하나는 '교육기관의 설립'이고, 또 하나는 '민족적 자각에 의한 애국운동'이었다. 일제강점기라는 암흑의 시대에 복음을 전달하면서 민족정신을 곧추세운 곳, 바로 평양이었다. 그래서일까, 평양은 수많은 기독교 중요 인물을 배출하였다. 평양은 특히 장로교의 본거지였다. 평양에는 우리나라 기독교의 주류를 형성해 온 평양장로회신학교가 설립되었고, 초중등교육기관들이 생겨났다.

평양은 기독교의 영향으로 문화적인 수준도 높았다. 평양 출신 음악가로는 그의 막내 동생 계정식과 작곡가 김동진이 목사의 아들이었다. 화가 길진섭도 길선주 목사의 아들이었다. 시·소설·희곡 등 각각 작가로 이름난 주요한·주요섭·주영섭 이들 3형제의 아버지도 주공삼 목사였다. 주영섭은 고리키의 〈밤주막〉을 연출한 연극인이었다. 오윤선 장로의 아들인 오영진은

 작은 불꽃, 기성 계원식의 삶과 신앙

경성제국대학 출신으로 뮤지컬 〈시집가는 날〉을 썼다. 『순교자』
의 작가 김은국도 남문밖교회 이학봉 목사의 외손자이자 김찬도
목사의 아들이었다.

계원식의 호적표제

그를 이해하기 위해 그의 호적표제를 살펴보면 다음과 같다. 그는 1888년 9월 9일 평안남도(平安南道) 평양군(平壤郡) 융흥면(隆興面) 3리(三里) 문무동(文武洞) 18통(十八統) 8호(八戶)에서 출생하였다. 광무(光武) 11년 1월에 발행된 그의 호적표제(戶籍表第)에 따르면,[6] 계택선(桂擇宣)의 본관은 수안(遂安), 증조

---

006 이 자료는 계원식의 손녀인 계혜순이 전해준 것으로 광무 11년 1월 호적표제로 나온다. 광무(光武)는 대한제국 당시 고종 황제의 연호(年號)이다. 1897년(광

부는 광협(光洽), 조부는 동혁(東赫), 외조부는 박기주(朴基宙)이다. 이 당시 계택선의 나이는 41세로 1867년생이고, 아내는 송 씨로 43세로 1865년생이다. 계택선은 약국을 운영하고 있었다. 그는 계택선의 장남으로 20세였고, 그의 아내 이자희가 20세, 차남 형식(亨植)이 14세, 삼남 이식(利植)이 11세, 딸 성애(聖愛)가 8세, 사남 정식(貞植)이 5세로 나온다.

그는 어려서 낳아준 어머니(生母)를 일찍 여의었다. 호적표제에 나오는 송 씨는 그를 길러준 어머니(養母)이다. 그의 모든 동생은 길러준 어머니 송 씨의 소생(所生)이다. 그의 아버지 계택선은 그에게 대부분의 재산을 물려주고, 송 씨와 송 씨 소생들에게는 적게 물려주었다고 한다. 그의 이복(異腹)동생들 중, 대표적인 사람은 막내 동생 계정식(1904년~1974년 10월 3일)이다.

계정식은 한국의 바이올린 연주자이자 작곡가이자 지휘자였다. 계정식은 숭덕 보통학교와 숭인상업학교를 졸업하고 숭실 전문학교에서 바이올린과 음악의 기초를 배웠다. 1923년 일본

므 원년) 8월 17일부터 1907년(광무 11년) 8월 2일까지 사용되었다. 심순택의 즈청을 받아들여 1897년 8월 14일에 광무 연호를 정하고, 17일부터 사용하였다. 흔히 조선이 대한제국이 되면서 쓰인 연호로 알기 쉬우나, 대한제국 선 프일은 같은 해 10월 12일이므로 정확히는 조선과 대한제국에 걸쳐 쓰인 연호이다. 1907년 7월 20일 순종이 즉위하면서 며칠 뒤인 8월 3일부터 융희로 연호가 바뀌었다. 광무 11년이니 서기로는 1908년이다.

동경의 동양음악학교를 거쳐 1924년 독일 뷔르츠부르크음악학교에서 바이올린을 전공하고 스위스 바젤대학 철학부에서 조선음악을 주제로 한 논문으로 철학박사학위 취득하였다. 1935년 3월 9일 유학생활을 마치고 경성역에 도착했을 때, 당시 음악계가 총출동하여 환영식을 열 정도로 그에 대한 기대는 대단하였다. 1936년 5월부터 1943년까지 이화여자전문학교 교수를 지냈다. 1945년 9월 현제명과 김성태와 함께 고려교향악단을 조직하였다. 1956년 계정식음악학원을 설립하여 후진을 양성하였다. 1961년 음악협회 고문을 지내다가 그해 미국으로 이주해서 살다가 1974년 별세하였다. 딸 계명진은 피아니스트이다.

계정식이 탁월한 음악가로 성장한 것을 보면 계택선 집안이 음악에 대한 관심과 재능이 있었을 것 같다. 그의 차남 계이승은 음악적 재능이 뛰어났고 그의 두 며느리와 그의 두 딸이 피아노 반주가 가능한 사람들이었던 것으로 봐서 그의 집안과 평양지역 사람들이 음악에 대한 호감과 열심히 있었던 것으로 보인다. 이는 평양 지역이 기독교세력이 강하다보니 기독교 문화를 대표하는 음악을 쉽게 접한 것 같다.

아버지 계택선의 삶과 신앙

그의 아버지 계택선은 혼란한 사회현실을 바라보면서 미래를 준비하고 대처하는 안목이 뛰어났다. 계택선은 일본을 비롯한 외국 상품들이 관세도 없이 밀려들어 오는 것을 지켜보며 오래지 않아 우리나라가 열강의 경제적 식민지가 되리라고 예측했다. 계택선은 서양문물에 대한 호기심으로 적극적으로 서양문물을 받아들이고 그것을 상업화해내는 재능을 발휘하였다. 계택선은 뛰어난 사업수완을 발휘해서 평양 중심가에서 서양약품도매상을 경영하여 많은 돈을 벌었다. 계택선이 살던 집은 평양에서 최초로 2층 벽돌로 지은 집이었다. 이 집을 보려고 도시락을 싸 가지고 와서 구경을 할 정도로 유명하였다고 한다.

계택선이 서양에서 들어오는 약을 구입해서 판매하는 약국을 운영해서 많은 돈을 벌었다. 그런 계택선이었기에 당시 서양으로 대표되는 기독교에 대한 이해와 호감을 가졌다. 우리나라 초기 기독교선교사인 귀츨라프가 조선인들을 상대로 의료행위를 하고 무료로 서양의 약을 전해준 것처럼 당시 서양선교사들은 조선에 필요한 서양문물을 전해주면서 기독교를 전파하였다. 이는 서양문물을 접하면서 자연스럽게 기독교에 호감을 갖게 하려는 것이었다. 민족적 관심과 해방의 열망 속에서 수용된 기독교는 초기 천주교와는 달리 정치적 마찰과 문화적 충돌을 가급적 피하면서 조선인의 삶의 현실에 접근해 갔다. 까다로운 한문 교리서나 복잡한 종교의식이 아니라 누구나 읽고 쓰는 것이 가능한 한글로 번역된 쪽복음[7]을 나누어 주며 삶으로 성경을 읽게 하였다. 또한 사회봉사활동을 비롯한 교육과 의료사업을 통해 생활중심으로 파고들었다. 기독교 복음은 무지와 질병, 그리고

---

[7] 쪽복음은 성경 전체를 기록한 것이 아니라 신약성경의 4복음서 중에서 간략한 부분만 번역한 것을 말한다. 분량이 적다보니 휴대하고 전달하기에 좋았다.

미신에서 해방되는 기쁨과 함께 민족의 미래에 대한 새로운 희망을 주었다. 기독교 복음은 외세와 봉건세력이라는 이중적 억압구조 속에서 고난 받는 조선인의 삶에 해방(解放)의 동력(動力)인 변혁의지로 받아들여졌다.

계택선은 누구보다도 서양문물의 뛰어남을 알았고, 그 속에 담긴 기독교를 알았다. 계택선은 기독교야말로 쇠퇴 일로를 걷는 나라를 다시 일으켜 세울 수 있는 유일한 종교라고 믿었다. 그러면서 민족의 앞날을 이끌어 갈 인재 양성을 위해서는 서양식 교육이 필요함을 확신했다. 계택선은 기독교를 통해 우리나라가 근대화를 이룩할 수 있는 정신적인 토대를 구축할 것으로 여겼다. 이런 생각은 계택선 혼자만이 아니었다. 계택선의 마음과 정신의 중심에는 '어떻게 해서든지 쓰러져가는 국운을 되살리고 도탄에 빠진 백성들의 비참한 생활을 윤택하게 만들겠다'는 염원이 있었다.

계택선은 서양약품 관련 사업을 하면서 자연스럽게 서양선교사와 접촉할 기회가 있었다. 마침 계택선은 평양에서 적극적인 선교활동을 하던 마포삼열(Moffett, S. A.: 馬布三悅) 선교사를 만나 정식으로 기독교 신앙을 받아들였다. 계택선은 마포삼열 선교사를 자신의 집에 거주할 수 있도록 하면서 교회를 섬겼고 가족 모두 마포삼열 선교사에게 세례를 받게 하였다. 마포삼열과 그의 집안은 깊은 관련이 있다. 그의 아들 계일승은 장로회신학대 학장 재임 중, 1971년 12월 2일에 명예학장으로 마포삼열의 3남인 마삼락(Samuel Hugh Moffett: 馬三樂)을 추대하였다. 이는 장로회신학대가 평양장로회신학교를 계승한 것임을 드러내는 의미였다.[8]

마포삼열의 정식 이름은 '새뮤얼 오스틴 모펫(Samuel Austin Moffet)'이다. 이름이 발음하기 어렵다보니 우리나라 이름으로 '마포삼열(馬布三悅)'이라고 하였다. 마포삼열은 1890년 조선에 와서 46년간 선교사 생활을 하였다. 평양에서 22명의 전도사들에게 성경을 가르친 것이 평양장로회신학교의 시작이었다. 숭실전문학교 창설에 중심적인 인물이 되었고, 1911년 조선의 독립운동가를 체포한 105인 사건 때는 미국 장로회 본부 전도국에 보고하여 국제적인 여론을 일으켰다. 1936년 일제의 신사참배 강요를 거부하다 가방 두 개만 들고 쫓기듯 한국을 떠났다. 마포삼열이 미국에서 세상을 떠난 지 67년 만에 마포삼열의 유해(遺骸)는 한국에 왔다. 마포삼열의 유해가 우리나라로 오게 된 것은 "한국 땅에 묻히고 싶다"는 그의 유언 때문이었다. 당시 서정운

---

008 "협동학장에 마삼락(Samuel H. Moffett)박사가 취임하다." 『장로회신학대학교 홈페이지』, 「역사」.

전 장신대 총장 등이 미국 산타바버라 인근에 있는 마포삼열의 묘를 방문해서 유자녀들로부터 유언을 전해 듣고 이장(移葬)을 추진하였다. 장신대 측도 교수회와 이사회, 그리고 대한예수교 장로회 통합 교단 총회를 거쳐 이장을 결정했다.[9]

계택선이 가족과 함께 신앙생활을 시작한 교회는 평양의 장대현(章臺峴) 교회이다. 장대현교회는 1893년 마포삼열이 평양에 선교 사업을 위해 정착하면서 한석진(韓錫晉)을 조사(助師)로 삼아 널다리(板洞)에 세웠던 교회이다. 처음에는 교회 이름을 '판동' 또는 '널다리교회'라고 하였다. 20세기 초 평양 시내에는 높은 고개마다 교회가 자리해 한때 기독교인이 전체 인구의 10%에 이를 정도로 번성했다. 평양 교회 가운데 완전 한옥(韓屋)은 장대현 예배당뿐이었다. 흥미로운 사실은 건물 구조가 기역자[10]라는 점이다. 남녀의 출입구가 달라 서로 바라볼 수 없는 구조였다. 목사만 꺾어진 가운데 자리에서 설교하고 양쪽의 남녀를 볼 수 있었다. 다른 교회는 모두 양옥(洋屋)이었다. 남산현교회는 서울 정동교회와 같은 양옥이었다. 1924년부터 오기선 목사가 담임했는데, 그의 아들은 교육부 장관을 지낸 오천석이다.

---

009 "마포삼열목사 유해 장신대 이장", 《조선일보》(2006년 5월 4일).
010 한글 자모 'ㄱ'을 글자로서 이르는 말이다.

계택선은 1906년 1월 26일 평양의 닭골(鷄洞) 산정현에 산정현교회가 분립할 때, 미국 북장로회선교사 번하이슬(Bernheisel, C. F. 片夏薛)을 도와 교회를 섬겼다. 1920년대 평양 장로교의 중심으로 자리한 산정현교회는 1940년 주기철 담임목사가 신사참배를 거부하다가 감옥에서 순교하면서 한국기독교 역사의 성지(聖地)가 되었다. 산정현교회에는 '3대 장로'가 유명했다. 조만식, 오윤선, 김동원이다. 이들은 평양의 유지(有志)로 상징적인 인물이었다. 조만식은 민족의 스승이었고, 김동원은 대한민국 국회 초대부의장을 지냈다. 평양에는 도산 안창호와 고당 조만식이라는 거목(巨木)이 나란히 있었다. 조만식은 평양 시내, 안창호는 강서 출신이었다. 강서는 평양과 진남포의 중간에 있다. 강서의 강이 넓어지고 밀물 때 바닷물이 대동강까지 올라오면서 평양이 생긴 것이다. 모란봉 근처까지 큰 배가 들어올 수 있는 이유는 밀물 덕분이었다. 일제강점기 때 도산은 미국에 있었고, 국내에는 조만식이 있었다. 안창호가 투옥되었다가 나왔을 때, 평양역에 수많은 사람들이 모일 정도였다. 환영 인파가 너무나도 많아 안창호가 자동차 위에 올라가서 인사말을 할 정도였다.

평양의 중요한 일은 산정현교회에서 일어났다. 신사참배 반대 운동도 그 가운데 하나였다. 주기철 목사가 담임이던 시절이었다. 주기철 목사는 경남 창원 출신으로 정주 오산학교를 거쳐 평양장로회신학교를 졸업했다. 그 뒤 마산 등지에서 목회 활동을 하다 조만식과 김동원 장로에 의해, 1936년 산정현교회 담임목사로 취임했다. 1940년 주기철 목사는 일제의 신사참배 '명령'을 거부했다. 신사참배 반대는 목사직 파면과 더불어 교회 폐쇄를 불러왔다. 5년간 감옥생활을 해야 했던 주기철 목사는 결국 죽음에 이르렀다. 널리 알려진 찬송가 '저 높은 곳을 향하여'가 바로 주기철 목사를 찬양한 것이다.

계택선은 영수[11]로서 교회설립과 운영에 큰 소임을 담당하였다.[12] 번하이슬 선교사는 산정현교회만이 아닌 여러 교회를 관장하였다. 당시 선교사들은 여러 교회를 순회하면서 성찬식을 베풀고 교회 직분자를 선출하는데 도와주는 역할을 하였지만 좀 더 깊이 관리하거나 지원하지는 못하는 상황이었다. 이러한 관계로 개별 교회에서는 신자들이 자원해서 교회의 모든 행사들을 주관하였다. 이 일에 앞장선 이들이 장로와 영수와 권사와 같은 평신도지도자들이었다. 계택선은 영수로서 선교사를 대신해서 교회의 살림은 물론 예배를 인도하는 일까지 헌신적으로 수행하

---

011 기독교초창기의 직제로 굳이 비교한다면 지금의 안수집사나 권사직분처럼 교회를 섬기는 직분으로 장로 직전 단계의 위상을 지닌 평신도 직분 명이었다.
012 "1906년 1월 26일 평양 장대현교회에서 분립하여 산정현교회 설립(교역자-선교사 편하설 목사, 제직-계택선 영수, 이신행 권사)" 『산정현교회홈페이지』, 「평양산정현교회 역사」.

였다. 계택선은 서양약품업을 하는 재력가로서 교회 재정에 크게 기여하였다.[13]

계택선은 1908년 공동의회를 거쳐서 장로가 되었고 얼마 지나지 않아, 평양장로회신학교에서 성경과 신학을 체계적으로 배우면서 목사가 되었다. 1912년 제5회 졸업생으로 신학생 조사로서 봉사했던 평안남도 대동군에 있는 장천교회의 목사로 취임하였다. 계택선은 나라를 빼앗기고 농토를 잃어버렸던 많은 이주민들이 만주에 살고 있다는 사실을 잘 알고 있었다. 일제는 토지를 조사한다는 명목으로 많은 조선인의 토지를 강제로 빼앗아갔다. 나라 잃고 땅도 잃은 조선인들은 만주로 이주해서 힘겹게 살고 있었다.

계택선은 오랫동안 기도하던 중, 결단을 내리고 1917년 3월

---

013 산정현교회는 역사를 이어가면서 많은 인재를 배출한 교회이다. 민족의 지도자로 추앙을 받았던 조만식 장로를 비롯해서 유계준 장로, 방개성 장로, 오윤선 장로, 김봉순 장로 등이 시무했으며, 마지막까지 일제의 총칼에 굴하지 않고 민족교회로서 자부와 긍지를 갖고 일제와 싸워 끝까지 신사참배를 반대하고 옥사했던 주기철이 산정현교회 담임목사였다. 산정현교회는 3.1 운동 당시부터 민족교회로서, 자부심을 갖고 1919년 3월 1일 평양 만세를 주도했던 지도자 중의 한 사람이 강규찬 목사였다. 그 후로 송창근 목사, 주기철 목사, 해방 후에는 김철훈 목사, 정일선 목사 등이 차례로 시무하였다. 그러나 김일성 정권이 이북에 정착하자 많은 신앙인들이 수난을 당하게 되었고, 유계준 장로는 순교하였고, 조만식 장로는 공산당에 협력을 하지 않는다 하여 수난을 당하다가 순교로 추정되는 행방불명이 되고 말았다.

찬바람이 세차게 불어오는 만주 벌판을 가로지르면서 순회전도 여행길에 나섰다. 봉천(奉天)에 있는 서탑 조선인교회에서 설교를 하다가 그만 설교도중 과로가 겹쳐 별세하고 말았다. 그때 계택선의 나이 51세였다.

만주는 고구려, 발해 등 우리 민족의 강인한 개척자 정신의 맥이 흐르는 곳이요, 조선조 말과 개화기에 민족의 자주독립과 자강(自强), 무실역행(務實力行), 교육과 신앙운동의 중심지였다. 계택선이 마지막 불꽃으로 산화(散花)한 만주에서 윤동주와 문익환과 같은 위대한 기독교신앙을 토대로 민족시인과 민족지도자가 나왔다.

사람의 인생은 그의 유년기 시절의 경험에 크게 의존한다. 그는 아버지 계택선을 따라 장대현교회를 다니다가 1904년 4월 5일 마포삼열 선교사로부터 세례를 받았다. 그리고 아버지가 영수로서 중심을 이루어 분립한 산정현교회에 다니면서 철저한 기독교 정신과 민족의식을 갖게 되었다. 그의 아버지는 남다른 사업수완으로 많은 돈을 벌었으나 주체적으로 기독교신앙을 받아들였고 선교사를 돕고 교인들과 협력하면서 교회를 섬기다가 목사가 된 사람이었다. 그의 아버지는 만주에서 설움 받는 동포들을 위해 헌신적으로 선교사역에 힘쓰다가 별세하였다. 그는 아버지의 삶과 신앙을 가슴깊이 간직하였다.

예수님은 혹독한 로마의 식민지 치하에서 외세를 등에 업고 백성을 착취하고 억압하는 정치와 종교체계를 비판하였다. 모순에 찬 현실을 부정하고 새로운 세계인 하나님의 나라가 다가오고 있음을 말하였다. 그리고 그 나라의 주체인 백성 속으로 자신의 모든 것을 버리고 하나가 되었다. 예수님은 작은 것을 소중히 여기면서 큰 것을 우습게 여겼다. 섬김을 받는 자리가 아닌 눈으로 볼 수 없는 세계의 더 큰 가능성을 말하였다.

그는 예수님의 신비적인 요소보다 예수님의 인간적인 모습을 더 흠모하였다. 그는 물질이 부유하면 영혼이 누추하게 된다는 생각을 하였다. 예수님은 그야말로 자유인이었다. 세상적인 어떠한 권위나 힘도, 전통과 율법도 예수에게는 아무것도 아니었다. 그것들을 거침없이 하나님 앞에서 상대화하고 무효화하는 예수님의 결단과 행동들, 그러면서도 가난한 사람들과 함께하여 십자가를 지는 예수님의 진실하고 뜨거운 사랑. 그는 이러한 예수님의 자유혼으로 살려고 하였다.

아버지 계택선이 번하이슬 선교사와 그 외 여러 사람들과 함께 산정현교회 분립에 창립멤버로서 참여하며 노고를 아끼지 않은 것을 그는 목격했을 것이다. 그런 그였기에 동련교회에서 황등교회를 분립해나가는 일에 황등시장터 선구자들과 함께 이 일을 해 나갈 수 있었을 것이다. 그가 후에 전북노회에서 위촉한 교회분립위원으로 활동하면서 1932년 9월 10일 동련교회에서 금암리교회가 분립될 때, 윤식명 목사와 함께 그 소임을 다하기도 하였다. 이처럼 그는 아버지 계택선처럼 협력할 줄 아는 지도력을 발휘하는 삶을 살았다. 그는 자신을 드러내기보다는 협력하고 다른 사람을 존중하면서 살았다. 그는 특별한 지위에 오르려는 노력을 하지 않았고, 여럿이 함께 일을 해나가기를 즐겨했다. 이런 그의 협력적인 태도는 자신과 입장이 다른 사람이거나 자신보다 지식이나 지위나 연령이 낮아도 그러하였다. 그는 그 누구도 마음으로 품을 수 있었고, 마음과 뜻과 정성을 모아서 함께 일할 수 있었다.

1907년 평양대부흥운동

그의 어린 시절, 그에게 조선은 쇠잔할 대로 쇠잔한 현실 그 자체였다. 열강들은 조선을 자신들의 이익을 채워줄 대상으로 바라보고 있었다. 러시아는 태평양으로 이어지는 아시아 발판기지로, 중국은 조선에 대한 전통적인 기득권으로, 일본은 대륙의 발판기지로 그리고 미국은 동아시아의 전초기지(前哨基地)로 조선을 노리고 있었다. 조선 사람들은 처절한 망국(亡國)의 설움을 겪어야만 하였다. 그는 나라와 민족을 사랑하는 피 끓는 젊은이로서 이런 현실에 분노하고 좌절할 수밖에 없었다. 이런 상흥에서 그는 어떻게 살아야하는지, 이런 시대에 기독교신앙은 무엇인지를 깊이 생각하였다. 이런 그에게 1907년 평양대부흥운동은 그의 신앙과 일생에 잊지 못할 엄청난 사건으로 기억되었다. 그때 그의 나이 20세였다.

1907년 1월 6일 평양 장대현교회에서 선교사들과 조선인들이 연합한 사경회(査經會)[14]가 열렸다. 이 사경회는 열흘 동안 계속 되었다. 낮에는 성경공부를 했고, 밤에는 특별전도 집회가 열렸다. 선교사들은 낮 12시에 기도회를 진행하였다. 남자만 매

---

014 사경회(査經會)는 기독교초기 부흥의 기틀로서, 미국 장로교 선교사인 언더우드 목사의 집에서 7명의 교인이 모여 성경공부를 시작한 것이 처음으로 당시에는 사경반이라고 불렀다. 사경회의 동기는 1890년 6월 중국 선교사 J. L. 네비우스 초청 세미나에서 채택한 '선교사업방안'에서 비롯되어 한국인 스스로가 성경공부를 하자는 운동을 일으키게 되어 각 선교지구를 중심으로 사경운동이 널리 전개되었다. 이에 따라 1910년부터 사경회에 연평균 6만 4,000명가량이 참석하여 1929년까지 약 20년간에 걸쳐 129만 2,000명이 참석했다. 주요 강의 과목으로는 4복음서, 예수님의 생애, 바울서신, 교리문답, 주기도문, 십계명, 사도신경 등이 있었다. 기독교교육 과목으로는 교회학교 교수법·경영법·기도법·개인전도법·상담·회의법 등이 있었다. 또한 천문지리학과 농사법 같은 일반상식 과정이 있었고, 여전도회 사경회에는 실생활에 필요한 건강위생법·새생활운동·아동교육 과정도 있었다. 집회시간은 새벽기도회부터 시작하여 오전과 오후로 나누어 성경공부와 일반상식 과정을 공부했고, 다음에 개인전도 방법을 통한 축호 전도와 노방 전도를 했다. 이처럼 사경회는 성경공부를 통한 신앙심의 배양과 더불어 계몽적인 역할을 했으며, 부흥사경회로도 발전하여 부흥운동의 기틀이 되는 계기가 되었다.

일 1,500명이나 모였기 때문에 자리가 없어 여자들은 밖에 자리를 만들 정도였다. 부득이 여신도들은 각 교회에 분산해서 모이게 하였고, 남녀중학교와 보통학교 학생들은 각 학교 강당에서 모일 정도였다. 평양 장대현교회는 그가 다니던 출신교회였기에 아마도 아버지와 함께 참석했거나 아버지나 가까운 사람들을 통해서 자세히 들었을 것이다.

개회 첫날에는 2천여 명의 신자들이 모여 진행되었으나, 별다른 감동은 없었다. 그럼에도 사람들은 계속 모였다. 하루 이틀 사흘 나흘 계속되는 집회에 사람들은 점차 마음이 뜨거워짐을 느꼈다. 1월 14일 월요일이었다. 이길함(Graham Lee: 李吉咸) 선교사가 짧게 설교한 뒤, 이길함 선교사의 요리사가 눈물을 흘리며 자신의 거짓행동을 고백하고 용서를 빌었다. 교회의 지도자급인 강 씨와 김 씨가 서로 화해하며 강 씨가 김 씨에게 미워했던 잘못을 용서해 달라고 고백할 때, 온 회중은 감동을 받았다. 집회는 새벽 2시까지 계속되다보니 몹시 추운 날씨로 인해 일단 폐회하고 교인들은 해산하였다.

1월 15일(화) 부흥회 마지막 날 저녁, 길선주가 "맛을 잃은 말라빠진 사람들아"하고 외쳤을 때, 사람들의 마음속에 큰 충격과 변화가 일어났다. 길선주는 1901년 평양 장대현교회의 장로가 되었고, 1907년 평양장로회신학교를 제 1회로 졸업해서 조선인 최초의 목사 7인 가운데 하나였다. 길선주는 구약성경을 300번 읽었고, 신약성경을 1,000번 넘게 읽었다. 특히 요한계시록은 1만 번 읽었다고 한다. 길선주는 새벽기도회, 성경사경회 등을 통해 교회의 부흥운동을 일으켰다. 이는 기독교가 우리 문화와 연결되면서 한국식 기독교영성문화로 정착된 신앙행위들이었다. 새벽기도회는 길선주가 1905년에 시작한 것으로 민간신앙에서 새벽에 정한수(井華水)[15]를 떠놓고 빌던 것을 기독교영성문화로 도입한 것으로 오늘날까지도 한국 기독교의 대표적인 신앙 형태

---

015 정화수는 이른 새벽에 깃는 우물물을 말한다. 신앙행위의 대상 또는 매체가 되는 우물물을 말한다. '정안수'라고도 한다. '정화수 떠놓고 빈다.'는 말이 일러주고 있듯이, 화학적인 맑음보다는 신앙적인 맑음과 정갈함을 더 강하게 함축하고 있다. 정화수는 음료로서 맑은 것이 아니라, 신앙행위의 대상 또는 매체로서 맑은 것이다. 신앙의 대상 또는 매체로서 정화수에 앞서서 신앙의 대상인 우물 그 자체가 있어야 한다. 신성시된 우물 또는 신령의 집인 우물이라는 관념이 정화수라는 관념을 낳게 되기 때문이다. 정화수는 신령에게 빌 때, 신령에게 바치는 제수 또는 공물이라는 의미를 가지게 된다. 가장 간소하나 가장 정갈한 제수로서, 신령에게 비는 사람이 지닌 치성의 극을 상징한다. 이때, 새벽의 맑음과 짝지어진 정화수의 맑음에 비는 사람의 치성의 맑음이 투영되는 것이라고 볼 수 있다. 부정과 대극이 되는 정함이나 맑음은 우리나라 사람의 전통신앙에서 매우 큰 뜻과 구실을 지니고 있다. '맑은 마음과 몸으로 정성들여 빈다.'고 하는 흔한 말에서, 맑음과 정성을 믿음의 마음의 두 기둥이라고 말할 만한 근거를 얻게 되기 때문이다. 정화수는 무엇보다 맑음의 상징이 됨으로써, 신령과 인간 사이의 뜻의 오고감을 가능하게 하는 것이다. 이때 정화수는 신앙의 대상이기보다 신앙의 매체라고 보아야 할 것이다. 물 자체가 지닌 맑음으로 해서, 환경이나 사람·물건 등의 부정을 물리치거나 막는 힘이 있다고 믿어진 것이다. 정한수는 비표준어이다.

로 전수되고 있다. 길선주는 105인 사건으로 수난 당했고, 3.1운동 때 민족대표 33인 가운데 하나로 참가했다. 길선주는 쉬지 않고 전국을 누비면서 설교하다가 1935년 11월 26일 평안남도 강서군 고창교회에서 성경사경회를 인도하던 중, 설교단에서 뇌일혈로 쓰러져 순교자적인 최후를 마쳤다.

길선주의 집회 이후 특별기도 중에 참가자들은 선교사를 미워한 죄, 음란과 증오, 아내를 사랑하지 못한 죄, 기억할 수 없는 온갖 죄를 통회 자복하는 일이 일어났다. 아무에게도 말하지 않은 내면적인 죄 고백이 쏟아져 나왔다. 그리고 사회 도덕적으로 이웃에게 피해를 입힌 행위에 대해서는 직접 보상하면서 회개운동을 했다. 도둑질한 것은 직접 돈을 갚았고, 미워한 것은 찾아가서 사과했다. 그것은 삶의 변화가 일어나는 진정한 회개였다. 죄의 해결 없이 기독교인이 될 수 없다.

회개는 기독교인이 되는 선결 과제이다. 회개는 단순한 내적 회심이 아니다. 이것은 철저한 자기 삶의 전환이다. 삶의 확고한 전환은 자신이 소유한 모든 기득권을 버리고 부족하고 연약한 사람들과 하나가 되는 것. 그래서 그들과 함께 하나님을 섬기는 자리로 나아갔던 거듭남의 생명. 그것이 진정한 회개이다. 아무리 신앙생활을 오래했어도 아무리 교회의 직분을 가지고 오래 봉사했어도 진정한 참회 없는 신앙생활과 봉사는 허공을 잡는

헛수고일 뿐이다.

1907년 평양대부흥운동의 핵심은 회개운동이었다. 한국교회가 진정한 참회의 과정을 관통하면서 비로소 교회가 된 것이다. 1907년 평양대부흥운동은 선교사가 주도한 것이 아니었다. 또한 소수의 탁월한 목사가 주도한 것도 아니었다. 선교사나 목사보다는 평신도들이 운동의 주체였다. 평신도들은 기독교신앙을 갈로만이 아니라 삶으로 받아들였고 실천으로 이어갔다. 1907년 평양대부흥운동은 기도회로 모이고 성경을 공부하는 일이 기폭제가 되었다. 이를 기억하는 그는 기성의원에서 모이기에 힘쓰며 기도하며 교회학교를 활성화해서 교육을 중시했고 생활신앙을 강조했다.

남다른 학구열로 이룩한 의사의 길

평양에 미국 북장로교회 선교부가 안착하면서 선교 목적으로 기독교학교와 병원을 세웠다. 그는 남보다 일찍 서양문물의 필요성에 눈뜨고 기독교신앙을 받아들인 아버지의 영향으로 기독교신앙적 토대 위에서 교육받았다. 1905년 6월 24일 평양 야소교소학교(耶蘇敎小學校)를 졸업하였다. 학교 이름에서 알 수 있듯이 철저한 신앙교육을 우선으로 한 초등교육기관이었다. 이 학교를 졸업하고 그는 1908년 11월 5일 기성측량학교(箕城測量

學校)를 졸업하였다. 이 학교를 졸업한 것으로 봐서 그는 실용적인 기술교육과 자연과학적 지식을 중요하게 여긴 것 같다. 기성 측량학교를 졸업한 그는 기술교육 이전에 인문소양교육의 기틀을 갖춰야함을 여기고는 중등교육기관인 숭실중학교에 입학하여 1909년 5월 13일 졸업하였다. 이어서 고등교육기관으로 숭실대학에 진학해서 2년간 공부하고는 1911년 5월 13일 수료하였다. 이렇게 그는 평양에서 초등, 기술학교, 중등, 고등교육을 받다가 의학에 뜻을 두고는 평양을 떠나 낯선 경성으로 유학을 떠났다.

그는 경성학당 국어과[16]에서 공부하였다. 그가 이 학교에서 공부한 이유는 이 학교가 기독교민간사립학교로서 일본어를 제대로 배울 수 있었기 때문이었다. 그는 이곳에서 1년 남짓 일본어를 익히고 나서, 경성의학전문학교 입학시험에 합격하였다. 4년간의 의학공부를 마치고나서 1916년 3월 31일 경성의학전문학교(지금의 서울대학교 의과대학)를 제1회로 졸업하고 의사가 되었다. 1916년 4월 19일 고향인 평양에 돌아와 평양의 옛 이름인 기성이라는 이름으로 개인병원을 개원하였다. 그는 고향에

---

16 여기서 말하는 국어과는 일본어를 말한다. 당시는 일제강점기로 국어는 일본어를 말하는 시대였다.

돌아와 아버지가 서양식 약국을 운영하면서 교회를 섬겼듯이 자신은 서양의학을 공부한 의사로서 고향교회를 섬기면서 살려고 하였다. 자신이 배웠던 의술로 고향 사람들의 보건 진료를 위한 일에 기쁨으로 나섰다. 얼마 후에는 치과부를 기성의원 내에 설치하게 되었다. 그는 의사라는 직업을 돈벌이 수단으로 여기지 않았다. 경성의전을 졸업한 실력 있는 의사였다. 오늘날은 의사와 약사가 분리되어 있지만 이 당시엔 의사가 약사를 겸하였다.

그는 서양약품도매상을 한 아버지 덕분에 약에 대해서도 잘 아는 의사였으니 그가 마음만 먹는다면 아버지 못지않은 부와 명성을 거머쥘 수 있었다. 그러나 그는 돈벌이를 목적으로 하는 의사가 아니었다. 그는 아버지의 삶을 누구보다 잘 알고 있었다. 이제 그는 아버지 대신 교회를 섬기고 선교를 펼쳐 나가야할 사명자였다.

그는 예수님의 정신을 실천하는 의사의 길을 걸었다. 그런 그였기에 기성의원은 하나의 전도기지이기도 하였다. 기성의원은 가난해서 진료비를 내지 못하는 이들에게는 진료비를 받지 않고 대신 예수 믿는다는 조건을 내걸면서 무상진료를 하기도 하였다. 이렇듯 뜻한 바를 이루어가던 그에게 안타까운 소식이 전해졌다. 그의 아버지 계택선이 만주에서 설교하다가 강단에서 사망한 일이 발생하였다. 갑작스런 소식에 슬픔이 컸지만 장남으로서 슬픔에만 잠겨 있을 수는 없었다. 그는 멀리 만주에서 시신을 수습하고 상주(喪主)로서 장례식을 치렀다. 이 모든 일을 믿음으로 극복하고서 기성의원을 열심히 키워 나갔다. 그때 그의 나이 30세였다.

운명적인 사건 3.1운동

그에게 1907년 평양대부흥운동이 신앙관을 정립하는데 큰 영향을 미쳤다면, 나라사랑의 정신을 일깨워준 사건이 있었다. 이 일로 그는 고향을 떠나게 되었고 그 후로 단 한 번도 고향땅 평양 땅을 밟을 수가 없었다. 이 일은 1919년에 일어난 3.1운동이었다. 1910년 일제가 조선을 강제로 병합한 경술국치 이후, 일제는 조선의 주권을 강탈하고 경제적으로 수탈한 것 외에도 조선정신을 일본문화에 흡수하고 동화시키기 위한 조선문화 말살을 감행하였다. 이를 위해 일제는 비판적인 자주정신을 약화시키기 위해 공창(公娼)과 아편과 도박과 향락문화를 통해 퇴폐적인 문화를 확산시켜 나갔다. 그러면서 일제는 정신문화의 핵심인 종교를 통제해나갔다.

1915년에 발표된 '포교규칙(布敎規則)'에 의하면, 모든 성직자들은 총독부로부터 자격증을 받아야 하며, 교회나 종교집회소를 신설 또는 변경할 때는 반드시 허가를 받아야 한다고 규정하였다. 그 결과 3.1운동이 일어날 때까지 10년간 기독교 교인수의 증가세가 현저하게 줄어들었다. 1915년에 발표된 '개정사립학교법'에 따라 학교 수업 중, 성경교육과 예배를 금지시키고, 일본어만 사용토록 하여 종교교육과 한글을 말살해나갔다. 기독교계 학교들은 민족의식을 고취시킨다는 이유로 여러 가지 방법으로 탄압하였다. 그러나 나라사랑의 정신마저 없앨 수는 없었다. 기독교신앙인들은 이미 나라사랑과 신앙을 하나의 정신으로 이해하고 있었다.

1919년 3.1운동은 1917년 미국의 윌슨 대통령이 세계 1차 대전에서 패전한 국가들의 지배를 받던 식민지국가들에 대해서 '민족자결주의' 원칙에 따라 자주독립을 보장하겠다고 선언한 것에 고무되어 준비되었다. 고종 황제의 장례일(3월 3일) 전 날을 기해 독립선언을 하기로 계획하였으나, 그 날이 주일(主日)이었기에 기독교계의 요청으로 하루 앞당겨 3월 1일(土)에 독립선언서를 낭독하고 전국적인 만세운동과 가두행진을 한 것이다. 민족대표 33인 중 기독교인이 16명으로 가장 많았고, 천도교 15명, 불교 2명이었다. 각 지방에서 조직적으로 3.1운동을 주도하여 참여한 사람들은 그 당시로는 가장 광범위한 지역 조직과 주민 동원력을 갖추고 있었던 기독교인들이었다. 많은 교회가 고종 황제를 위한 추모집회를 가진 후, 국부(國父)를 잃은 상실감과 조국을 강제로 빼앗긴 분노심이 촉발되어 만세운동을 주도하기도 하였다. 3.1운동으로 인해 가장 많이 피해를 본 것은 한국교회와 기독교신자들이었다. 한 통계에 의하면, 3.1운동이 일어난 후 6개월 동안 체포된 19,525명 중 기독교인이 17.6%라고 한다. 당시 한국의 인구가 2,000만 명이고, 기독교인의 수가 1%인 20만 명이었다는 점에서 볼 때, 일반 국민보다 18배 정도 많이 체포된 것이다.

기독교가 처음 조선에 들어왔을 때 선교사들은 교육·의료·사회계몽운동을 전개하였고, 새 시대와 새 문물을 향한 계몽과 개화의 전위대가 되었다. 많은 민족의 선구자들이 교회에 들어오므로 한국교회는 겨레와 민족의 장래에 희망을 주는 귀중한 역할을 감당하였다. 3.1운동 당시 교회는 시대를 앞서 나가는 사회의식을 지닌 공동체였다. 조선인들의 의식 개혁과 생활의 근대화를 위하여 금주금연운동을 전개하고, 아편과 공창(公娼) 폐지를 위한 사회 운동을 전개하고, 물산을 장려하고 신교육을 강조하고 성경구락부의 야학을 통해 한글교육과 사회 계몽운동을 전개하였다. 그러므로 당시의 기독교인수가 전체 국민의 1%가 채 되지 못했지만 사회적인 지도력과 사회적 영향력은 대단했다고 평가할 수 있다. 그리고 교회의 이러한 대사회적인 활동으로 인해 교회에 대한 사회적 공신력도 아주 높았다.

그가 출생한 평양은 기독교 중심의 도시인 동시에 전통적인 항일운동이 강한 지역이었으며, 수많은 민족 독립운동가를 배출했던 도시이기도 하였다. 일제가 1910년 경술국치로 국권을 빼앗고 나서 항일 세력을 없애기 위해 '105인 사건'을 조작했을 때 제일 많은 고통을 받았던 지역이 바로 평양이었고, 사람들이 평양에 있는 기독교인들이었다.

이러한 항일의 맥은 1919년 3월 1일 독립만세운동으로 연결되었다. 평양의 3.1운동을 주도적으로 이끌었던 사람은 남강 이승훈 장로였다. 이승훈은 길선주 목사, 신홍식 목사와 함께 이 운동을 주도해 나갔다. 길선주는 장로교의 목사들을 불러 모아 3.1독립만세운동을 착실하게 진행해갔다. 그가 출석하던 산정현교회 강규찬 담임목사와 서문외교회 김선두 목사와 이덕환 장로와 박인관, 윤원삼, 도인권, 황찬영 등이 참여하였다. 3월 1일 오후 1시 장로교회 교인들은 장대현교회로 모였다. 감리교회 교인들도 남산현교회로 모였다.

이들 이외에도 장로교측 인사들이 시위운동을 계획하고 2월 26일 평양의 6개 장로파 교회에 통지서를 보내, 고종의 봉도식(奉悼式)을 거행하는 숭덕학교(崇德學校)에서 독립선언식을 갖기로 했다. 장로교회가 주도한 숭덕학교 집회에는 1,000여 명의 군중이 모인 가운데 고종의 봉도식을 간단히 치른 뒤 독립선포식을 거행하는 순으로 진행되었다. 독립선포식은 김선두(金善斗)의 사회로 정일선(丁一善)의 독립선언서 낭독, 곽건응의 인도아래 애국가 봉창, 강규찬(姜奎燦)의 연설로 진행되었다.

독립선포식이 끝나자 곽권응·황찬영·윤원삼 등은 운집한 1,000여 명의 군중들에게 수백 개의 태극기를 배포하였으며, 이들과 함께 독립만세를 외쳤다. 이때 일본경찰 수십 명이 몰려와 시위 군중을 해산시키려고 하였지만 역부족이었다. 시위군중은 대한독립만세를 고창하며, 행렬을 지어 장대현·관후리(館後里)를 지나 종로 큰 사거리로 행진하였다. 이곳에서 천도교측과 기독교감리교계 시위대를 만나 시위군중은 더욱 늘어났다. 이렇게 만세시위가 커져 일본경찰의 힘으로 이를 저지하기 힘들게 되자 일본군이 증원되어 시위를 탄압하였다. 이 일로 평양에 있는 많은 기독교 지도자들이 체포되어 감옥에 가게 되었고, 강규찬

목사는 주모자라 하여 2년간 평양감옥에서 옥고를 치렀고, 곽건
응은 경성복심법원에서 보안법으로 징역 8월을 받고 옥고를 치
렀다.

위에서 살펴본 것처럼 그와 관련된 곳들과 사람들이 평양
3.1운동의 핵심을 이루고 있었다. 그가 아버지와 함께 다니던
장대현교회가 중심 지역이었고, 그가 출석하던 산정현교회 강규
찬 목사는 이 운동에 핵심인사였고 그의 모교인 숭덕학교도 중
심 지역이었다. 평양에서 만세운동에 가담한 이들이 많았고 그
와 관련된 교회와 학교가 관련된 것으로 볼 때 그도 이 운동에
가담하거나 우호적이었을 것이다. 이는 그만이 아니라 많은 평
양의 교인들과 사람들의 열망이었다.

애국의 길, 고난의 길

1919년 3.1운동이후 일제는 기존의 노골적인 무단통치를 수정해서 이른바 '문화통치'를 제창하여, '문화창달과 민력의 충실'이라는 명분 아래 우리 민족을 일본화 하는 동화 정책을 실시하였다. 그렇게 함으로써 일제는 우리 민족을 분열시키고 민족의 내부적인 독립의지와 역량을 송두리째 말살하려 하였고, 다른 면으로는 1920년대 말부터 일기 시작한 경제공황을 극복하기 위해 농민과 노동자들을 철저히 수탈하여 상업독점자본 아래에 종속시켜 나갔다. 선교사들은 식민지 조선에 대한 억압과 착취에 대해 무관심한 경우가 많았다. 이러다보니 교회가 정치와 종교의 분리노선으로 교회가 사회적인 공신력을 잃기도 하였다. 또한 심각한 민족적 좌절의 아픔, 몰려드는 세속 문명에 따른 도덕적 황폐, 신선한 기풍으로 다가온 사회주의 무신론(無神論)의 대두(擡頭), 교회의 침체와 동요는 격류에 휩쓸리는 듯한 혼란으로 걷잡을 수 없었다. 그러니 어디를 둘러봐도 소망이 없어 보였다.

그는 어려운 현실이지만 반드시 희망이 있다고 확신하였다. 그렇다. 겨울이 아무리 춥고 힘들어도 언젠가는 겨울이 지나가고 봄이 오기 마련이다. 그는 민족의 희망과 살 길을 곰곰이 생각하였다, 그리고는 바로 예수 그리스도의 복음만이 그에게 새로운 삶의 이상과 구원의 길이란 것을 확신했다. 그는 민족의 독립과 새로운 나라의 건설을 위한 큰 꿈을 키우고 있었다. 이런 그의 마음을 떠올리게 하는 시로 일제강점기에 희망을 노래한 시가 있다.

새로운 길

　　　　　윤동주

내를 건너서 숲으로
고개를 넘어서 마을로

어제도 가고 오늘도 갈
나의 길 새로운 길

민들레가 피고 까치가 날고
아가씨가 지나고 바람이 일고

나의 길은 언제나 새로운 길
오늘도… 내일도…

내를 건너서 숲으로
고개를 넘어서 마을로

　그는 3.1운동이 끝난 직후 상해 임시정부 수립과 독립운동을
위해서 군자금을 지원하는 일에 힘썼다. 이는 그의 아버지 계택
선이 약국을 운영하면서 남몰래 독립투사들에게 자금을 댄 것을

이어받은 일이기도 하였다. 그는 민족의 처참한 고난의 현실과 일제의 불의를 참을 수 없었다. 젊은 피로 민족의 독립을 위해 저항했던 것이다. 이 일은 쉬운 일이 아니다. 자칫 발각되는 날엔 그동안 쌓아온 모든 것을 송두리째 잃어버릴 수 있는 위험천만한 일이었다. 그는 또한 집안의 중심인 장남이었고, 아내와 4남매를 둔 집안의 가장이었다. 안타깝게도 그의 비밀애국활동은 그만 발각되고 말았다. 앞에서 살펴본 대로 그의 출신 교회와 학교와 인사들이 3.1운동과 연관된 이들이 많았고, 평양은 항일 민족의식이 강했다. 그러다보니 그는 주의 깊게 살펴볼 요시찰 대상이었다. 더욱이 그는 아버지로부터 물려받은 재산이 많았고 명문 의학전문학교를 졸업한 실력 있는 의사인데 돈을 잘 버는 것 같지 않았다. 환자들이 몰려드는 것에 비해 그의 옷차림이나 돈 씀씀이는 소박했다. 일본 고등계 형사는 수시로 드나들면서 그를 감시하였다. 그러니 그는 더더욱 독립운동을 하거나 독립 자금을 댄다는 것이 쉽지 않은 일이었다.

그러나 그는 이 일을 수행해나갔다. 자신의 병원에 오고가는 사람들을 통해 은밀히 독립자금을 전했다. 그러나 이 일이 그만 발각되고 말았다. 일본 고등계 형사는 그가 분명 독립자금을 제공한 것으로 보이는데 물증은 찾지는 못하였다. 일본 고등계 형사와 그 밑에서 일하는 조선인 형사들은 독립운동과 관련된 사람을 찾아내는 것에 기를 쓰고 안간힘을 썼다. 이런 일을 잘해내면 진급도 빨랐다. 그의 치과부 조수[17]인 윤 군은 혹시나 하는 불안감에 그에게 평양을 떠나 군산 구암(龜岩) 기독병원으로 내려가자고 건의했다. 그러나 그는 고향을 떠나고 싶지는 않았다. 그의 아버지는 별세했지만 평양에는 친척들과 처갓집 그리고 가족처럼 지내는 아버지 친구들과 정든 교인들과 동창들이 많았다. 그런 그에게 뜻하지 않은 사건이 벌어졌다. 그의 처남인 이필선이 3.1운동에 가담한 사람이었다. 이필선이 헌병들로부터 쫓기다가 그의 집에 숨어들었다. 이를 안 헌병들이 그의 집을 찾아왔다. 이필선은 대문께 숨어 있다가 자신을 잡으러 온 헌병들을 몽둥이로 죽였다. 헌병 세 명 중 둘이 죽었고, 한 명은 도망쳤다. 이제 도망간 헌병이 다른 헌병들을 대동해서 들이닥친다면 큰일이었다. 이필선의 어머니는 3대 독자를 살리기 위해 그의 아내 이자희와 동생 이필선이가 모두 피하기를 바랐다.

결국 그는 자신도 살고 처남도 살리기 위해 평양을 떠나기로

---

[17] 당시는 오늘날처럼 의사와 약사가 분업화되어 있지 않았다. 그러니 의사가 진료만이 아니라 약도 조제하였다. 또한 지금처럼 의사도 전문의로서 세분화된 시절이 아니었다. 그러다보니 그가 개원한 기성의원은 치과도 겸하고 있었다. 또한 그의 기성의원에는 오늘날의 간호대학을 졸업한 정식 간호사가 아니라 그를 보조하면서 행정까지 모두 보조하는 의미로 조수가 있었다. 이런 형태는 그의 평양 기성의원만이 아니라 황등에서 재개한 기성의원도 마찬가지였다.

하였다.[18] 그의 처남 이필선은 만주로 급하게 피신했고, 그도 조수로 일하던 윤 군의 안내로 군산 구암기독병원[19]으로 떠날 것을 결심하고 윤 군과 함께 진남포에서 배를 빌려 타고 평양을 탈출하였다. 몇 날, 며칠을 항해한 끝에 조수 윤 군과 아내와 계일승, 계이승, 계대승, 계혜승 4남매를 데리고 무사히 군산에 도착할 수 있었다. 그가 고향 평양을 떠나게 된 모습은 본토, 친척, 아비 집을 떠난 아브라함과 같았고, 장래가 촉망받던 의사에서 도망자의 모습이 된 것은 이집트왕자에서 도망자가 되어 미디안 광야에서 머물던 모세를 떠올리게 한다. 그에게 1919년 3.1운동은 잊을 수 없는 사건이었다. 그는 평양에서 3.1운동을 통해 뜨거운 나라사랑과 함께하는 기독교신앙을 접했고 이를 그의 삶의 자리에서 이어갔다. 그리고 그 일로 고난의 길에 들어섰다.

그러나 그는 이를 후회하지 않았다. 그가 가슴속에 새긴 3.1운동의 정신은 그의 삶에 계속해서 은연중에 작동하였다. 그는

---

018 『황등교회 카페』, 「황등교회역사」 "〈영상자료〉 황등교회 65주년 기념 영상3_계원식 장로님 기념사_김정선, 전기년 집사_이종용·최정은 대화" 녹화 자료를 녹취록 워드 작업하였다.

019 이 병원은 미국 남장로회 선교부가 설립한 병원으로 그의 집안과 미국 남장로회는 관련이 깊다. 그의 자부(子婦) 안인호가 교사로 재직한 목포정명여학교도 미국 남장로회가 설립한 학교이고 그의 장남 계일승이 유학을 가도록 주선한 선교사 인돈도 미국 남장로회 소속 선교사였다. 1950년 6.25전쟁 직후 계일승이 일본 맥아더사령부에서 일하도록 주선한 사람도 미국 남장로교회 교인 러스크였다.

군산 구암기독병원에 재직하면서 군산 구암교회와 군산 구암기독병원 직원들이 주도한 3.1운동을 전해 들었을 것이다. 누구보다 애국의식이 강한 그였기에, 많고 많은 지역 중에서 치과부윤 조수의 말을 듣고 군산 구암기독병원에 왔는지도 모를 일이다. 구암기독병원도 그가 경성의전 1회 졸업생 출신으로 실력 있는 의사이기에 채용한 것도 있지만 그의 신앙과 3.1운동으로 인한 독립자금 제공에 따른 이주였음을 알고도 채용했는지도 모른다. 그는 구암기독병원과 군산에서 출석하게 된 구암교회[20]가

020 "군산 구암교회(김영만 목사)가 군산 땅에서 일어난 3.5만세운동에 대하여 들려주며, 박연세·문용기와 같은 이들의 애국신앙을 앞으로 잘 계승하는 주역들이 될 것을 당부했다. 아이들은 교회당에 전시된 만세운동 당시의 사진과 역사자료들을 살펴보며 나라를 빼앗긴 조상들의 설움을 생각하고, 기념식에서 태극기를 들고 만세삼창을 하면서 가슴 속으로부터 치밀어 오르는 나라사랑의 열정도 느껴볼 수 있었다. 군산 구암교회는 해마다 삼일절 무렵이면 만세재현행사, 시가행진, 기념예배, 백일장대회 등 다양한 형태로 옛 성도의 의기와 헌신을 기리는 사업을 펼치고 있다. 때문에 전국적으로 애국신앙의 요람으로 널리 알려지며 해마다 수천 명의 순례객이 찾는 명소요, 성지가 되었다. 특히 옛 선교사들의 활동무대였던 영명학교와 구암예수병원, 멜볼딘여학교 등과 전킨(한국명 전위렴) 드루(한국명 유대모) 윌리엄(한국명 하위렴) 불(한국명 부위렴) 등 선교사들의 사택이 재현 또는 복원되면서 기독교유적지로서 제대로 된 면모를 갖추게 될 것으로 기대를 모은다. 교회는 보훈문화 확산에 기여한 공로로 2004년 12월 23일 국가보훈처로부터 '2004보훈문화상'을 수상했다. 보훈문화 확산·평생교육에 앞장선 공로로 잇따라 표창을 받아 한국 교회의 위상을 높이고 있는 것이다. 보훈문화상은 보훈정신에 대한 국민인식과 관심제고를 통해 국가유공자를 예우하고 보훈문화를 확산시키기 위해 국가보훈처와 문화일보가 공동으로 주관하여 2000년부터 시상을 하고 있으며, 수상자에게는 상패와 상금 각 600만원이 수여된다."

3.1운동과 깊이 관련되어 있음을 들으면서 평양에서 경험한 3.1운동의 정신이 다시금 되살아나는 감동을 느꼈다.

그는 이곳에서 3.1운동에 참여했던 양기철(觀海 梁基哲)을 만나기도 하였다. 양기철은 1899년 3월 22일생으로 아버지가 양응칠 군산 구암교회 장로이고, 형이 양기준이다. 1919년 군산 영명학교를 졸업하였다. 영명학교 재학 중, 구암교회 교인들과 구암기독병원 직원들과 함께 3.1운동에 적극 가담하였다. 형인 양기준(24세)과 함께 군산 3.5만세운동에 앞장서 참여했다.

당시 영명학교 졸업시험을 준비하고 있던 양기철(21세)은 급우들과 "졸업은 조국독립 후로 미루자!"고 결의하고 만세시위를 주도하다가 일본경찰에 붙잡혀 3월 31일 광주지방법원 군산지청에서 이른바 보안법 및 출판법 위반으로 유죄판결을 받고 대구 감옥에서 6개월간 옥고를 치른 후,[21] 1919년 평양 숭실대 입학하였다. 양기철은 군산 구암기독병원에서 그를 만나 교류하다가 그를 따라 익산군 황등으로 이주하였다. 황등에서 양기철은 동련교회에 출석하였다. 그를 따라 황등교회 창립교인이 되었고, 황등교회 최초의 집사가 되었고, 1931년 7월 19일 황등교회

정재영, "군산 구암교회-삼일(3.1절)애국신앙계승", 《기독신문》(2013년 3월 23일).
[21] 《신한민보》(1919년 7월 12일). 기사 참조.

장로 장립되었고, 1936년 8월 1일 전주 남문교회로 옮겨서 전주 남문교회에 영생학원 설립 운영(현 전주대학교)하는데 적극 참여하였다. 양기철은 1945년 해방직후 전주사범학교 교장직이 내정되었으나 1946년 2월 19일 해방 전후에 유행했던 돌림병(콜레라, 장티푸스 등)으로 교회나 동네의 환자 등을 문병, 조문, 수습하러 다니다가 전염되어 회복되지 못하여 별세하고 말았다. 양기철은 자신의 호를 '관해난수(觀海難水)'에서 관해를 따와서 썼다. 이 말은 '바다를 본 사람은 물을 어려워하지 않는다'는 뜻이다. 이처럼 양기철은 크고 웅대한 뜻을 품은 사람이었다. 양기철은 해외유학을 간절히 소망하였으나 3.1운동에 적극가담한 사람이었기에 일제에 의해 허용되지 않았다. 당시 일본 경찰은 다시는 만세운동을 하지 않겠다고 서약하는 사람은 방면하였지만 끝까지 독립을 부르짖는 사람은 감옥에 보내 징역을 살게 하였다. 양기준, 양기철 형제가 징역을 산 것은 끝까지 독립의 뜻을 굽히지 않았기 때문이다. 두 형제가 대구 감옥에서 수감생활을 할 때, 부친 양응칠은 머나먼 대구까지 면회하면서 차입금을 수도 없이 넣어주었으나 출소 며칠 전에는 눈깔사탕 한 개 입에다 넣은 게 전부였다고 한다.

그는 양기철과 같이 자신과 말이 통하고 자기 생각이 분명한 청년들을 좋아했다. 그는 군산 구암기독병원에 재직하면서 자신의 장남인 계일승을 멀리 전주에 있는 신흥고등보통학교에 입학시켰다. 신흥고보는 철저한 기독교신앙교육과 민족교육을 강조하고 3.1운동에 깊이 관여한 학교였다. 차남 계이승을 군산 영명학교에 입학시켰다. 이 학교도 미국장로회계통학교로 기독교신앙교육과 민족의식으로 유명한 학교로 3.1운동을 주도한 학교였다. 이처럼 장남과 차남을 보낸 두 학교의 공통점은 기독교학교라는 점으로 후에 신사참배로 폐교되기에 이르고, 3.1운동에 깊이 관련되었다는 점이다.

그가 장남과 차남을 이 두 학교에 입학시킨 것은 의도적으로 보인다. 즉, 철저한 기독교 신앙교육과 3.1운동에 적극적인 민족의식을 아들들에게 심어주고자한 것 같다. 그의 두 딸들도 교육을 시켜 여성의 사회진출을 할 수 있게 하였다. 계대승은 전주여고를 거쳐, 기독교학교인 평양 숭의여자전문학교 보육과를 졸업하였고,[22] 계혜승은 이화여고를 거쳐 이화여대를 졸업하였다. 그의 딸들은 계동학교 교사로 봉사하기도 하였다. 군산에 자리잡은 그는 평양에서 하던 대로 매주 토요일이면 군산과 익산지역을 다니면서 무료진료를 펼쳤다.

---

022 계대승의 아들 조기철은 계대승이 46년간 교회 반주자를 하였다고 한다.

운명적인 만남, 백낙규

그가 황등에 터를 잡고 일생을 살게 된 결정적인 계기는 백낙규와의 만남에서 비롯되었다. 백낙규는 동학도(東學徒) 출신으로 나라 잃은 울분(鬱憤)을 기독교신앙으로 극복해나간 선각자였다.[23] 백낙규는 1876년 전남 승주군 출신으로 전염병에 아

---

[23] 백낙규에 대한 자료는 연규홍, 『예수꾼의 뚝심-동련교회 90년사』(동련교회 역사편찬위원회, 1992년), 30-32쪽, 연규홍, 『생명나무에 이르는 길』(한신대 출판부, 2009), 67-74쪽, 전영철, 『믿음, 그 위대한 유산을 찾아서 1』(도서출판 선교횃불, 2013), 129-152쪽을 참조하였다.

버지]와 형제를 잃은 갓 십여 세의 어린 나이에 홀어머니와 동생들을 이끌고 가정을 꾸려 나갔다. 남다른 완력과 대담성을 지닌 젊은이가 기개를 펼칠 무대를 만나지 못해 방황기를 겪었다. 백낙규가 19세 되던 1894년, 동학농민전쟁이 일어났다. 동학농민혁명은 그야말로 자신의 의로운 기운을 펼칠 절호의 기회였다. 백낙규는 드디어 세상이 바뀔 것으로 확신하였다. 백낙규는 어렵지 얻은 일거리를 버리고 동학도의 대열에 가담하였다. 호남에서 북상하는 전봉준 부대에 들어가 열심을 다하다보니 소접주에 올라 동학군의 선두대열에 섰다.

공주 우금치에서 조선의 관군과 일본군이 연합한 연합군의 세력에 밀려 패하고 쫓기는 신세가 되었다. 백낙규는 관군에 쫓기는 반역자의 몸이다 보니 고향으로 돌아가지 못하고, 황등면 동련으로 숨어 들어가 정착을 하게 되었다.[24] 백낙규는 이곳에 정착을 하고 어느 정도 장사로 자리를 잡은 후, 어머니와 형제들을 이곳으로 오게 하여 삶의 터전을 일구게 되었다. 하지만 백낙

---

024 이 점에서 백낙규와 그는 닮아 있다. 백낙규와 그가 나이와 고향과 사건이 다르지만 두 사람 모두 남다른 민족의식이 있었다. 그리고 그 민족의식을 실천한 결과 부득이 신변의 위협을 느껴 고향을 떠나 멀고 먼 익산군 황등면 지역으로 이주해서 살게 된 것이다. 그러면서 이 두 사람은 투철한 신앙인의 삶을 살면서 변치 않는 민족의식을 갖고 살았다. 그리고 자신들의 민족의식이 자식들에게 전해지기를 바라면서 그렇게 유도하였다. 그랬으니 이 두 사람은 한 눈에 서로를 알아보고 함께 하기로 한 것으로 보인다.

규의 마음 속 깊은 곳에 응어리진 동학군의 이상과 그것의 좌절에서 쌓인 울분은 결코 풀려지지 않았다. 타향이라 이곳 토박이들이 백낙규에게 주는 텃세와 괄시에도 어느 정도 그 이유가 있었겠지만, 백낙규의 가슴속에 응어리진 이 처참한 나라꼴을 보며 백낙규는 술과 노름과 싸움질로 자신을 학대하였다.

그러던 백낙규에게 복음은 놀라운 충격이었다. 케케묵은 양반, 상놈, 남존여비의 낡은 봉건적 유습과 위 아래로 썩어 문드러진 이 나라를 구하고 살리는 것은 먼저 이 옛 사람을 바꾸어 새사람이 되는 길이었다. 그리고 그 사람들을 묶어 하나님의 나라를 건설하는 것이었다. 백낙규는 고민하던 문제의 해결을 찾았다. 그 즉시 백낙규는 술과 노름을 끊고 성경에 적혀 있는 대로 새로운 삶을 실천하기 시작하였다. 백성들의 생존권과 민족의 자주권을 지키기 위해 보국안민(輔國安民)의 기치를 내걸고 반외세, 반봉건 투쟁을 벌여온 동학도였던 백낙규는 동학의 실패이후 기독교를 만났다. 1904년 가을, 백낙규는 학습을 받고 세례를 받았다. 백낙규는 동련교회 설립주체 중, 한사람으로 동련교회를 통해 기독교신앙을 기초한 민족교육을 실현할 계동학교 설립을 주도하였다.

백낙규가 꿈꾸고 실현하려고 한 것은 동학과 같이 무력을 통해 세상을 뒤바꾸는 혁명운동이 아니었다. 민족을 살리는 길은 힘을 기르고, 배우는 길에 있다고 생각하였다. 계동학교는 우리 민족이 왜 일본의 식민지가 되었는가? 그리고 그들로부터 독립을 이루려면 어떻게 해야 할 것인가? 조선조 5백년간의 봉건사회 속에서 자신의 존재의식조차 갖지 못하고 살아온 사람들에게 자아를 찾게 하고 역사적 소명을 발견하는 민족의식을 불어 넣어주는 의식화교육을 펼친 것이다.

백낙규는 동련교회 교인들 중에서 몸이 아픈 사람들을 안내해서 군산에 있는 구암기독병원까지 가곤 하였다. 그러다가 이 병원에 평양에서 아주 진실한 의사가 새로 부임했다는 말을 듣고 그 의사를 만났다. 그때 만난 사람이 바로 계원식이다. 백낙규는 전북노회 대표로 평양까지 가곤 하였기에 그의 아버지 계택선 목사를 알고 있었다.[25] 백낙규는 계택선 목사의 장남으로 3.1운동으로 인해 독립자금 제공으로 군산에 오게 된 그를 만나고 싶었다. 두 사람은 고향도 다르고 살아온 배경도 다르지만 가슴 속에 품은 뜻이 통하기에 서로에게 호감을 가졌다. 백낙규는 그를 황등으로 오게 해서 같이 살고 싶었다. 그와 함께 교회를 섬기고 지역을 섬기면서 하고 싶은 일이 많았다. 그는 백낙규가

---

025 『황등교회 카페』, 「황등교회역사」 "〈영상자료〉 황등교회 65주년 기념 영상 3_계원식 장로님 기념사_김정선, 전기년 집사_이종용·최정은 대화" 녹화 자료 참조.

어떤 사람인지, 그를 통해 동련교회가 어떤 교회인지도 들었다.[26]

그는 백낙규의 제안을 주의 깊게 들었다. 그렇잖아도 그는 군산에 오래 머물 마음은 없었다. 그는 번잡한 도시보다는 조용한 농촌마을이 더 좋았다. 그러나 그는 평양출신으로 남쪽 사정을 잘 몰랐다. 일가친척도 없고 병원일이 바빠 어디서 살아야할지 고민만 있었지 선뜻 알아보러 다니지도 못하였다. 그런 그에게 백낙규가 황등에서 같이 큰 뜻을 이루어보자고 한 것이다.

그는 백낙규를 만나 새로운 삶을 결심하고 실행에 옮겼다. 백낙규로부터 접한 황등은 자신이 살던 평양과 지금의 군산과는 비교도 되지 않는 곳이었다. 황등은 가난과 질병과 무지의 소외계층이 사는 마을이었다. 그러나 황등은 결코 작고 초라하지 않았다. 기독교신앙으로 겸손과 양보와 성실과 협력이 어우러진

---

26 당시 동련교회와 고현교회는 같은 선교사인 하위렴(Harrison, William Butler)이 목회를 하고 있었다. 따라서 이들은 민족적 성향은 물론 종교적 성향도 상당부분 비슷하였으리라 여겨진다. 고현교회가 3.1운동에 적극적이었음을 감안할 때 동련교회(東蓮敎會)도 그랬을 가능성이 있다. 당시 황등에서 연일 이어지던 만세운동을 주동한 사람들은 동련교회 교인들이었다. 여기저기 산발적으로 나타나는 자료와 당시 처한 민족적 상황에 비추어 보면, 서두교회의 박병열, 남전교회의 최대진, 고현교회의 오덕근과 더불어 동련교회의 백낙규가 선봉에 섰을 것으로 여겨진다. 동련교회와 황등 지역에서 백낙규의 영향력을 감안해볼 때, 동련교회 교인들과 계동학교 학생들도 상당수 참여하였을 것으로 여겨진다.「전북노회 노회국」 자료를 보면, 1919년 동련교회 교인 수는 239명인데 1919년에서 1920년 사이 교인 수가 132명으로 줄었다. 107명이 줄어든 것이 3.1운동에 따른 희생인지를 알 수 없다.

곳이었다. 그는 황등에서 위로받고 힘을 얻어 이들과 함께 참된 신앙공동체를 이루어가는 꿈을 꾸었다.

그와 백낙규의 만남과 사귐은 의외였으나 두 사람은 평생지기처럼 의기투합하였다. 사실 백낙규와 그는 많은 부분 달랐다. 백낙규는 1876년 전남 승주군에서 지독하게 가난한 집안에서 자랐다. 백낙규는 힘이 장사였고 외향적인 성격이었다. 반면에 그는 평남 평양군에서 매우 부유한 집안에서 자라나 마음껏 공부할 수 있었다. 그는 평범한 체구에 내향적인 성격이었다. 고향도 다르고 성격도 다르고 학력도 달랐다. 그러나 둘은 한 눈에 오랜 지기 친구처럼 마음을 열었고 하나가 되었다. 그렇게 된 이유는 백낙규의 겸손과 진심어린 사람 사귐의 자세와 간절함이 컸기 때문이고, 두 사람의 가슴 속에 타오르는 기독교 정신에 따른 나라사랑의 열정 때문이었다. 백낙규와 그는 띠동갑이었다. 그러나 백낙규는 그에게 자신이 무려 12살이 많음을 들먹이지 않았다. 자신이 황등에 먼저 터를 잡고 있음도 드러내지 않았다.[27]

그는 백낙규의 말을 듣고 황등에 대한 호감이 생겼다. 황등

---

[27] 필자는 황등 지역의 근현대사에서 두 사람의 인물이 기념되고 되새겨져야한다고 본다. 그 두 인물은 백낙규와 계원식이다. 이 두 사람의 신앙과 삶은 알면 알수록 깊이를 더한다. 또한 이들의 신앙과 삶은 오늘의 황등 지역의 기독교와 지역사회를 이해하고 바르게 이어가는 초석이 된다고 본다.

에서 자신을 필요로 하는 것 같았다. 황등(黃登)이란 뜻은 '큰 구릉(언덕) 등성이'를 뜻하는 말로 옛날의 남이면과 동이면과 북일면 일대에 펼쳐진 넓고 넓은 평야지대가 연이어져 있는데다가 황등 석산(石山)을 바라보면 어마어마한 언덕인 산등성이가 웅크리고 있음을 볼 수 있다. 그래서 이 웅장하게 '큰 등성이'를 간략하게 줄여서 표현한 말이 '한등이'였을 것이다. 원래 '한'이란 말의 옛말 뜻은 '크다, 많다'란 의미를 가진 옛 이름(古語)이다. 대한민국이란 '한국'도 '크고 위대한 나라'란 뜻이다. 이 '한등이'를 자주 입에 오르내리다 보니 어느 사이엔가 '황등이'로 변하게 되었다. '한'이란 음으로 변한 것으로 예를 든다면 '황소'가 있다. '큰 소의 수컷'을 '황소'라 하는데 원래는 크고 힘이 세다 하여 '한소'라 했다. 그 '한소'가 '황소'로 변했다. 이와 같은 경우로 '한등이'도 어느 사이엔가 '황등'이 되었다. 아마도 여기에 도살장이 있었기 때문인 것으로 보인다.[28]

---

28 황등(黃登)은 예부터 품질 좋은 화강암이 많이 났으며 이를 기반으로 한 석재산업이 발달한 지역이다. 황등면의 중앙에는 화강암으로 된 해발 60여m 내외의 언덕이 있어 황등(黃登)의 지명이 여기에서 유래했다고 전해지고 있다. 황등에는 크고 웅장한 언덕을 중심으로 마치 보물이 감춰져 있듯 크고 작은 마을이 곳곳에 들어차 있다. 보삼마을은 화강암의 명산지 황등석산 바로 밑에 있는 마을이다. 전해져오는 이야기에 따르면 옛날부터 황등산에는 우리 국민이 석 달(혹은 3년) 먹을 보물이 들어있다 해 보삼(寶三)이라 했다고 한다. 이와 함께 중국 문헌에 적힌 동쪽바다의 이상향인 부상(扶桑)이 '보삼'으로 와전되었고 여기에 마을을 뜻하는 말이 첨부되어 보삼마을이

두 사람은 함께 황등산에 올랐다. 그는 황등산에서 내려다보이는 호수가 정답게 보였다. 산이 있고 넓은 호수가 있는 지역으로 황등은 이미 그의 가슴에 담겼다. 이 호수는 요교 호수이다. 이 호수는 오늘의 삼기면과 팔봉동 및 황등면의 넓은 들을 차지했던 요교호(腰橋湖)라고 불린 큰 호수로 나룻배를 타고 건너다녔다. 예로부터 익산시 황등면과 군산시 서수면, 임피면 일대의 평야는 비옥한 미작경지(米作耕地)로서 그 수원(水源)을 황

되었다고도 한다. 또 신정(新井) 마을은 새로 우물을 파니 물도 잘 나오고 수질이 좋아서 '새샘'으로 불렸으며 그 곳을 중심으로 마을이 생겨 붙여진 지명이다. 황등이 과거에는 수변 지역으로 배를 이용했음을 알 수 있는 지명들도 남아있다. 백길(白吉), 배나들이·도선(渡船), 섬말·도촌(島村) 등이 바로 그 지명이다. 예전 도선 마을과 그 건넛마을에 뱃터가 있었으며 마을 앞 갈대밭까지 물이 들어왔다고 한다. 또 백길(白吉) 마을은 뱃길, 뱃질이 편한 것으로 마을 앞이 모두 배가 다니는 뱃길이어서 붙여진 지명이다. 특히 이 지역의 수로 관련 지명은 만경강 제방을 쌓기 전에는 황등면까지 만경강 조수의 영향을 받고 있었음을 알 수 있으며 도선 마을은 배를 타야만 이동할 수 있었던 지역으로 생각되고 있다. 죽촌리(竹村里)의 죽촌(竹村)은 마을이 형성된 이후 대밭이 번성해 '대숲마을'이라 불리다가 한자음 표기에 따라 지금의 '죽촌'이 되었다. 또 오랜 역사를 간직하고 있는 화농(禾農) 마을은 수룽고지, 수렁골 등으로 불리는데 이는 농토가 매우 질퍽해 수렁논이 많아서 붙은 이름으로 수렁골이 수렁논→수렁농→수농(秀農)→화농(禾農)이 되었다. 구자리(九子里)의 구자(九子)는 지형이 마치 거북의 모양과 같다고 해서 원래는 거북 구(龜) 자를 썼지만 한자가 너무 어려워 쉬운 아홉 구(九)자로 대신하였다. 또 무동(舞洞) 마을은 선인무수형(仙人舞袖形), 즉 신선이 소매 춤을 추는 형국이라 해 무동이라 하였다. 익산시공보담당관실, "익산 유래-크고 웅장한 등성이에 보물 담겨 있는 황등",《익산시민뉴스》(2013년 11월 13일) 참조.

등호(黃登湖)에 두고 있었다. 그러나 황등호는 보수는 물론 관리마저 제대로 되지 않고 방치돼 토사 매몰이 가속화되면서 저수지로서의 모습을 상실하기에 이르렀다. 이에 따라 옥토에 관심을 갖고 있던 일본인이 1909년에 임익(臨益)수리조합을 설치하고 황등제 복구를 목적으로 제방을 증축, 현재의 모습을 갖추게 된 것이다.

그는 백낙규의 제안을 받아들여 전북에서 가장 큰 도시로 발전하고 있는 군산의 병원을 사임하고 가난한 전북의 갈릴리 황등으로 이주할 것을 결심하였다. 이렇게 해서 그는 군산에 머물던 짐을 정리하였다. 그리고 고향에 있던 재산을 모두 정리한 5만원을 들고 황등으로 이주하였다. 당시 조선식산은행 자산이 25만원이었으니 5만원은 엄청난 금액이었다.[29] 이 소식을 들은 이리 시내 명치정에 살고 있던 일본인들이 당시로서는 의사가 귀한 때라 그가 군산에서 황등으로 옮긴다는 말을 듣고는 마을 대표들이 군산 구암기독병원으로 몰려가 그를 자신들의 마을로 와 줄 것을 설득하고 나섰다. 그들은 전북에서 최고의사로 대우를 해줄 것을 약속하였다. 그러나 그는 돈을 목적으로 의사가 된 사람이 아니었다.

---

029 김수진, 『자랑스러운 순교자』(기전여자대학, 1981), 181쪽.

 작은 불꽃, 기성 계원식의 삶과 신앙

그는 자신을 필요로 하는 곳, 자신이 있어야 할 곳을 분명히 알았다. 이런 그의 모습은 기독교의사로 선교적인 사명을 감당한 슈바이처를 떠올리게 한다. 전 세계에 이름이 알려진 저명한 의사인 알베르트 슈바이처는 노벨평화상 시상식에 참석하기 위해 아프리카를 떠나 파리까지 간 후, 다시 기차를 타고 덴마크로 갈 계획이었다. 슈바이처가 기차를 타고 파리로 들어온다는 소식을 들은 기자들은 취재를 위해 너도나도 슈바이처가 탄 기차에 몰려들었다. 기자들은 특실 칸을 샅샅이 뒤졌다. 당연히 세계적인 유명인사이니 특실에 탔을 것으로 생각했지만 슈바이처는 그곳에 없었다. 혹시 특실좌석이 매진되어서 못 탔나 싶어 1등석도 그리고 2등석까지도 찾아봤지만 역시 슈바이처를 찾을 수 없었다.

당황한 기자들은 쓰레기와 오물이 악취를 풍기고, 남루한 옷차림의 사람들이 딱딱한 나무의자에 모여 있는 3등석 객차에서 한 소녀를 진찰하고 있는 슈바이처를 만날 수 있었다. 한 기자가 슈바이처에게 물었다. "선생님. 왜 고생스럽게 지저분하고 불편한 객차를 이용해 다니시는 겁니까?" 그러자 슈바이처가 기자에게 인자한 목소리로 대답했다. "저는 편안한 곳을 찾아다니는 것이 아니라 저의 도움이 절실하게 필요한 곳을 찾아다니고 있습니다. 특실에는 제 도움이 필요한 사람이 없더군요."

희망 없이 비참하게 살아가는 아프리카 사람들에게 평생 헌신적으로 의료봉사를 한 슈바이처였다. 보통의 많은 사람은 성실하게 노력하며 살아간다. 열심히 공부해서 자신의 능력을 쌓고 열심히 일한다. 이렇게 사람들이 노력하는 이유는 자신에게 필요한 것을 얻기 위해서이다. 하지만 세상은 '내 필요'를 위해서가 아니라 '나를 필요'로 하는 사람들을 위해서 그 모든 노력과 희생을 감당하는 사람들이 있기에 여전히 따뜻하기만 하다. 내가 가진 것을 내주는 것은 조그마한 베풂이다. 나를 헌신하는 것은 진정한 베풂이다. 내가 아닌 다른 무언가를 위해서 희생과 나눔을 실천하려 할 때, 가장 방해가 되는 것은 나 자신의 욕심을 먼저 생각하는 것이다. 하지만 그것을 초월한 위대한 사람들의 발자취를 보면, 그들의 길은 고난의 길이며 자기희생의 길이었다. 희생할 줄 아는 사람만이 위대해질 수 있으며 존경받을 수 있다.

그는 슈바이처처럼 자신이 의사가 된 이유가 분명한 사람이었다. 그의 선친(先親)이 고향을 떠나 가난 속에서 고생하는 동포들을 위해 교회를 섬기다가 과로로 별세하였고, 그가 고향 평양에서 기성의원을 하면서 남몰래 독립운동 자금을 댄 것이 탄로가 나서 일본 고등계 형사들에게 고초를 겪었기에 이를 피하려고 치과부 조수 윤 군의 권유로 고향을 떠나 군산에 이주한 사람이었다. 그런 그였기에 돈을 더 받으려고, 더 편리한 도시에서 일본인들을 위한 의사가 될 마음은 전혀 없었다.

그는 가족과 함께 황등에 와서 보니 너무도 감격스러워 가슴이 벅차올랐다. 그것은 황등은 평양과 군산보다 그가 생활하기에 편리하거나 문화시설이 잘 갖춰진 곳이 아니었다. 오히려 불편하고 어색하고 낯선 곳이었다. 그러나 그는 이곳에서 다시 태어난 것만 같았다. 새로운 출발과 다짐으로 자신이 해야 할 일을 가슴에 새겼다. 그에게 황등은 모든 게 새로웠다. 숨 쉬는 공기조차 부는 바람조차 새로웠다. 죽음의 공포에서 기적처럼 살아난 그는 또 다른 생명을 체험한 사람이었다. 그는 성경에 나오는 바울의 고백을 떠올렸다. "내가 그리스도와 함께 십자가에 못 박혔나니 그런즉 이제는 내가 사는 것이 아니요 오직 내 안에 그리스도께서 사시는 것이라 이제 내가 육체 가운데 사는 것은 나를 사랑하사 나를 위하여 자기 자신을 버리신 하나님의 아들을 믿는 믿음 안에서 사는 것이라"[30] 이런 바울의 고백처럼 그도 자신 안에 계신 그리스도의 생명을 살고자 하였다.

새로운 조국, 해방된 민족을 위해 그가 할 일이 무엇일까? 작은 힘이나마 보탬이 되고자 하였다. 그는 1919년 3.1운동 직후

---

30 갈라디아서 2장 20절.

고향을 떠나 군산을 거쳐 낯선 황등에서 새로운 삶을 다짐하면서 기성의원에서 기도회를 열었고, 교회학교교육을 펼쳤다. 이런 일들은 황등이라는 작은 마을에서 작게 시작한 일들이었다. 이렇게 시작한 작은 불씨가 타올라서 오늘날의 황등교회가 되었다. 그가 심혈을 기울여 한 일이 있다. 그는 〈기독신보〉에 '유대인 풍습'이라는 글을 34차례 연재하였다. 그리고 '의원 아내의 병을 고치다'라는 글을 2차례 썼다.

그가 쓴 이 글들은 의미가 있다. 유대인은 로마의 식민지였고, 우리나라는 일제의 식민지였다. 유대인들은 식민지 상황에서 착취와 억압에 시달렸으나 희망을 잃지 않았다. 유대인들은 언젠가 오실 하나님의 약속된 메시야를 기다렸다. 그런 유대인들의 모습은 생활풍습에 잘 드러났다. 유대인들은 어디를 가든지 회당을 만들어 하나님께 예배하고 신앙교육을 철저히 하였다. 이렇듯 견디기 힘든 상황 속에서도 믿음을 지키고 소망을 품고 살아간 유대인들의 풍습에 대한 소개와 이야기는 일제강점기를 살아가는 신앙인에게 어떻게 살아가야하는지를 일깨워주는 엄청난 의미일 수 있었다.

그는 '의원 아내의 병을 고치다'는 글은 의사로서 병을 고치는 이야기를 쓰기에 쉬운 주제인 듯 보이나 이 또한 의도적으로 보인다. 그는 의학적인 실력으로 병을 고치는 게 다가 아니라고 보았다. 병의 근본원인을 파악해야만 병을 제대로 고칠 수 있다. 사실 예수님 당시 유대인들이 각종 질병에 시달림은 로마의 식민 지배에 따른 궁핍함이 근본이유였고, 사랑이 없음으로 인한 마음의 병도 원인이었다. 그는 근본적인 치료는 의학이 아니라 기도와 믿음임을 확신하였다. 그리고 예수님의 사랑으로 가난하고 병든 이들과 함께해야함을 강조한 것이다.

그가 황등에 이주해왔을 때 황등은 장날 장터에 나가면 머리 깎은 사람보다 장발한 머리 땋고 댕기 두른 30대~40대 총각들이 많았고, 모자를 쓴 사람보다 망건과 갓 쓴 사람들이 많았다. 몇 개의 일본 상점 외에는 별로 상점다운 점방도 없었고, 고작 있었다고 해도 음식점과 술집뿐이었다.[31]

그는 1921년 3월 19일 이사를 하고 고향 이름을 따라 기성의원이라는 병원을 개업하였다. 1921년 10월 9일에 동련교회 장로가 되었고, 10월 13일 목요일에 기성의원을 동련교회의 기도처로 해서 예배를 드리기 시작하였다. 그는 제2의 고향인 황등에 이주해 와서 기성의원을 재개하였다. 그가 그렇게 이름을 지은 이유는 무엇일까? 황등에 이주해왔으니 황등의원이라던가 좀

---

031 계일승, "축사-초대교회를 회고하며", 『황등교회창립 50주년 기념. 연혁. 화보』(1978년), 5쪽.

더 큰 의미로는 익산의원이나 전북의원도 좋을 텐데 굳이 기성의원이라고 한 이유는 무엇일까? 그 이유는 그에게 기성이라는 이름이 주는 의미가 남달랐기 때문이었다.

그는 기성의원에서 번 돈으로 독립자금을 대다가 죽음의 위기에 직면하였다. 자칫 기성의원이라는 이름이 알려지면 일본경찰에 불이익을 받을 수도 있었다. 그럼에도 계원식이 기성의원이라는 이름을 그대로 썼다. 이는 그가 기성이라는 이름이 갖는 의미를 숨기려 하지 않으려는 의도와 고향에 대한 애정이 얼마나 강했는지를 알 수 있다. 그에게 기성의원은 복음의 터전이요, 독립자금을 댄 소중한 곳이었다.

이처럼 그는 신앙과 나라사랑이 둘이 아니라 하나였다. 기성은 그가 태어나고 자란 고향이었다. 대개 고향을 떠나서 사는 이들이 고향을 그리워하면서 고향의 지명(地名)을 그대로 쓰는 것처럼 그도 그랬다.

이때 그의 나이 33세였다. 33세는 예수님을 떠올리게 하는 숫자이다. 예수님은 30대 초반까지 나사렛에서 목수의 일을 하시다가 광야에서 40일 금식기도를 마치시고 3년간 공생애를 시작하셨고, 33세에 십자가를 지셨다가 부활하셨다. 그러므로 33세는 예수님의 생애에서도 가장 왕성하고 완성 짓는 시기였다. 그의 나이 33세에 죽음의 공포에서 벗어나 황등에서 새로운 삶을 시작한 것은 그가 죽었다가 다시 살아난 예수님의 십자가의 죽음과 부활을 연살시키는 의미로 볼 수 있다.

참된 의사의 길, 사랑의 실천

그는 지금의 서울대학교 의과대학의 전신(前身)인 경성의학 전문학교를 졸업한 사람으로 실력이 뛰어난 의사였다. 황등 유일의 현대식 의료기관이다보니 그의 기성의원에는 밤낮을 가리지 않고 환자가 몰려들었다. 그 당시에는 우수한 현대식 의사가 부족하고 의료시설이나 의사가 부족한 때이다 보니 먼 거리 농촌에서도 찾아오는 환자들이 많았다. 그러다보니 그의 기성의원은 정해진 근무시간도 없었다.

그는 기성의원에서 수술을 많이 하였다. 그러다보니 기성의원 안에 환자들이 많았다. 언제나 환자들을 돌보며 찬송가를 부르면서 어깨를 들썩였다. 그는 내과, 외과, 치과, 어떤 병도 다 고쳤다. 그의 외손녀 조혜자의 큰아들이 세 살 정도 될 때, 장염으로 설사가 심하였다. 조혜자 부부는 너무도 무서운 마음에 아들을 데리고 목포에서 황등까지 갔다. 그때 목포는 도시였고, 황등은 작은 농촌이었다. 그의 치료로 아들은 바로 설사를 멈췄다. 이처럼 그는 유능한 의사였다. 그는 기성의원에 찾아오는 환자들을 존중하고 정성껏 돌봤다. 기성의원은 황등 5일장 부근에 위치하다보니 접근성도 좋았다. 그의 기성의원이 주목을 끄는 것은 그가 우수한 의사로서 실력도 있지만 그의 사람됨에 사람들이 마음으로 따랐다. 그는 사람의 마음까지 헤아리는 치료로 이주민이지만 황등의 어르신으로 존경받았다. 그는 엄청난 재산을 가지고 황등에 왔다. 그는 기성의원을 서양가옥 형태로 함석으로 평평한 가옥 지붕 형태로 지었다. 기성의원은 진찰실과 입원실과 조수실이 갖춰져 있어서 규모는 크지 않았지만 환자들이 편리하게 진찰받을 수 있었다. 기성의원 옆에는 자신과 가족이 거주하는 집으로 한옥식 형태로 뱃집함석지붕의 형태로 지었다.[32] 이렇듯 그는 학식과 실력과 재력이 황등에서 최고였지만 이를 드러내거나 뽐내지 않았다. 그는 환자의 몸만 치료하는 것이 아니라 그의 마음을 헤아렸고 사람 그 자체로 존중해주었다.

그는 그 누구와도 다투지 않았다. 자신을 내세우다보면 서로 부딪치고 싸우게 된다. 그가 평생 기도한 것처럼 그는 싸우지 않고 지는 사람으로, 빼앗음이 없고 나누어 주는 사람으로, 믿고 사는 사람으로 살았다. 그는 사람을 존중하고 끝까지 사랑하였다. 그는 약속과 의리를 중요하게 여겼다. 그는 자신이 한 말에 행동으로 신의를 지키고 책임을 질 줄 아는 사람이었다. 다른 사람과의 관계에서 약속을 지킬 뿐만 아니라 깊이 신뢰하면서 오래오래 사귐을 가졌다.

이런 그의 자세는 『채근담(菜根譚)』에 나오는 '지기추상 대인춘풍(持己秋霜 待人春風)'이라는 말을 연상시킨다. 이 말은 '자신을 지키기 위해서는 가을 서릿발 같이 엄격하지만, 사람을 대함에 있어서는 봄바람 같이 따뜻하고 부드럽게 하라'는 뜻이다. 어떤 사람도 함부로 대하는 것을 좋아할 사람은 없다. 내가 소중하면 내 앞에 선 다른 사람도 소중하다. 내가 다른 사람을 어떻게 대하느냐에 따라 나도 그로부터 똑같은 대접을 받는다.

---

032 안타깝게도 기성의원 자리는 도로공사로 그 흔적조차 찾아보기 어렵다. 그에 대한 관심으로 기성의원 터를 진작에 매입해서 그의 기념관을 건립해서 보존했으면 좋았을 것 같은데 아쉬움이 남는다.

남을 함부로 대한 순간, 나 또한 함부로 대접받는다. 이런 그의 인즈은 사람향기로 많은 사람이 그를 따르게 하는 이유가 되었다. 한 사람, 한 사람에 대한 세심한 배려와 꾸준한 관심, 그리고 보이지 않는 도움의 손길을 어려운 이웃들에게 펼친 것은 그토록 그가 닮고 싶어 하는 예수님을 닮으려고 한 것이었다.

그는 사람에 대한 사랑이 깊고 진실하고 넓었다. 그는 가난하고 고통 받는 이들을 한울 속에서 부여안았다. 그는 돈보다 사람들의 형편과 사정을 먼저 헤아렸다. 그는 농사를 짓는 사람들이 정해진 봉급을 받는 것이 아님을 알고는 병원비를 그때그때 받는 것이 아니라 장부를 적어 두었다가 형편 봐서 지불하도록 하였다. 지불하는 방식도 자신보다는 환자들의 입장으로 보리 철이면 밀렸던 진료를 보리로 받고, 가을이면 벼로 진료비를 받았다.

그는 돈이 없는 환자에게 무료로 진료해주곤 하였는데 그 방법이 지혜롭고 배려가 돋보였다. 그는 가난한 환자를 그가 보는 앞에서 그냥 무료로 치료해주지 않았다. 그렇게 되면 환자는 초라하게 느껴지고 자신은 우쭐할 수 있었다. 그리고 그 장면을 바타보는 사람들에게 환자의 자존심은 말할 수 없이 구겨지고 자신은 공개적으로 좋은 평판을 얻게 될 것이다. 그는 의도적으로 이를 경계하였다.

그는 가난한 환자의 입장에서 마음에 상처를 주지 않으려고 지혜를 발휘하였다. 그는 가난한 환자를 치료해주고 외상으로 장부에 기록하게 하였다. 장부는 조수가 기록하고 자신은 보지 않았다. 자신이 돈을 내는 환자인지, 아닌지를 알면 돈을 내지 않는 환자들에 대해 편견을 가질 수도 있고, 돈을 내지 않는 환자가 자신에게 주눅이 들까봐 그렇게 하였다. 그리고는 월말 즈음에 가난한 환자의 외상장부를 불태워버리곤 하였다. 환자의 외상장부를 불태웠으니 가난한 환자들은 그에게 진료비를 지불하지 않아도 된다. 환자들이 형편이 나아져서 진료비를 내면 그것은 환자가 안 내도 되는 것을 낸 것이니 환자가 훌륭한 것이 되고 못 받을 것을 받은 자신이 고마워하게 되는 모습이었다. 진료비는 당연히 환자가 내야하고 그가 받아야하는 것인데 환자를 높여주고 자신이 낮아지는 모습을 취했다. 이 경우 환자는 당연히 전액 진료비를 지불하지 않고 일부만 지불해도 그에게 고맙다는 인사를 받게 되는 존중을 받았다. 그러다보니 환자들은 신의를 지키려고 노력하는 모습도 보였다.

그는 또한 당시로서는 남자에 비해 무시되던 여자들과 나이 어린 사람들이나 지위가 낮은 사람들이나 배움이 부족한 사람들이나 가난한 사람들 모두에게 반드시 존댓말을 사용하였다. 자신의 의학지식을 앞세우기보다 환자의 말을 먼저 주의 깊게 들어주었다. 환자들은 자신의 증상을 분명하게 말하지 못하고 중언부언하거나 그가 잘 알지 못하는 전라도 사투리가 섞여 정확히 알아듣지 못하기도 했지만 환자의 말을 중간에 끊지 않고 충분히 들어주었다. 그는 자신이 정확하게 알아듣지 못한 경우는 황등 지역 출신으로 뽑은 조수를 통해 보충 설명을 듣곤 하였다.

그는 여자 환자들이 주사를 맞을 때, 그가 남자 의사라서 부끄러움에 주사를 놓기에는 어려운 부위를 요구해도 이를 존중해서 그렇게 해주었다. 이를 뽑고 앙앙 우는 아기를 안아줄 정도로 다정했다. 어린 아이들이 주사 맞기를 두려워해서 울기도 하면 친절하게 성경이야기와 동화도 들려주면서 마음을 편안하게 해주면서 주사를 놓기도 하였다. 이를 경험하고 지켜본 이들이 그를 존경하고 따랐다.

그는 바쁜 일상 속에서도 매주 토요일이면 왕진 가방을 들고 논길을 따라서 봉사에 나섰다. 그 이유는 먼 거리 농촌에는 현대식 의료시설이나 의사가 없고 진료비를 지불할 여력도 없음을 잘 알았기 때문이었다. 그는 늦음 밤에도 응급환자가 있으면 못 간다고 하지 않고 농촌 논길과 밭길의 좁은 길을 자전거를 타고 다녔다. 돈이 있는 이에게는 진료비를 받았지만 그렇지 않은 이에게는 그 손이 부끄럽지 않게 슬그머니 나와 버렸다. 그러니 그는 제대로 쉬는 날이 없었다.

기성의원은 황등에 유일한 현대식의료기관이다보니 각종 질병의 환자들이 드나들었다. 그러다보니 그는 지역민들의 대소사를 알고 있었고 알게 모르게 후원도 하고 격려하고 있었다. 그는 돈에 대해 철저한 사람이었다. 그는 교회나 지역행사에 기부를 하는 일에는 열심이었지만 개인적으로 돈을 빌려주거나 후원하는 일은 별로 없었다.

그는 기성의원에 드나드는 사람들의 몸만 치료하는 의사가 아니었다. 그는 병의 원인을 자세히 들어보고는 그 병이 발생한 집안의 위생 상태에 대해 조언해주었고 이런 저런 일들에 대한 상담도 하고 조언도 해주었다. 또한 그는 한자와 한글을 모르는 이들이 찾아와 토지대장이나 호적등본 등을 물으면 이를 도와주기도 하였다.

그가 글을 알고 법이나 제도를 아는 것으로 이웃의 민원을 도와주는 일은 그가 말년에 황등을 떠나 장남인 계일승이 거주하던 서울 장로회신학대학 사택에 머물 때까지도 이어졌다. 그의 손녀인 계혜순의 증언에 의하면, 황등 사람들은 그를 찾아와서 한자어로 된 토지대장 등에 대한 민원을 상담하고 집안의 대소사를 상의하러 들리곤 하였다고 한다. 그때마다 그는 친절하게 대해주었고, 이런 일은 그가 별세한 이후에 계일승에게까지 이어졌다고 한다. 그는 삶과 복음적 깨달음을 일치시키는 신앙과 실천의 일치의 표상이었다. 그의 삶을 지배하는 가장 중요한 단어는 명사형인 '사랑'이 아니라, 동사형인 '사랑하다'였다. 그는 나라와 지역과 교회를 지극히 사랑하였다.

계동학교 섬김과 나라사랑

그는 동련교회에서 백낙규가 중심이 되어 설립한 계동학교 (啓東學校)에 대한 남다른 애정이 있었다. 이 당시에는 어린이들은 오늘날과 같이 스마트폰이나 TV를 보면서 놀 수가 없었고, 놀만한 놀이터나 문화공간도 없었다. 그러다보니 어린이들은 황등의 유일한 교육기관인 계동학교에 몰려들었다. 그는 계동학교가 지향하는 신앙교육과 나라사랑의 교육정신을 잘 알고 있었다. 계동학교는 그를 황등으로 오게 한 백낙규의 열정이 깊이 스며 있었다. 백낙규는 일본제국주의 앞에 주권을 상실한 우리나라가 다시 일어서는 길은 기독교 정신에 따라 인간존엄과 평등과 사랑의 실천으로 민족이 새롭게 되어야한다고 확신하였다. 이를 위해 백낙규는 교회가 중심이 되어야 하고 교회를 통해 신앙교육과 지역사랑과 나라사랑이 녹아든 학교가 설립되어야한다고 여겼다. 이렇게 시작된 학교가 계동학교이다.[33]

백낙규는 1905년, 믿음의 동지들인 송군선, 장치오, 정순국 등과 함께 5년 전부터 해오던 기도의 결실로 동련교회를 세웠다. 그리고 4년 후 기독교신앙의 토대 위에 근대적 지식과 민족계몽을 위한 계동학교를 세웠다. 이 학교는 선교사나 목사가 아닌 평신도들이 마음과 뜻을 모아 설립한 하나의 민립학교라는 의미가 크다. 계동학교는 일제의 방해공작과 제도적 억압으로 결국 폐교되었지만 황등에서 중등교육기관들이 설립되는 결정적인 씨앗이 되었다.

---

033 백낙규의 삶에서 동(東)이라는 글자의 의미가 깊다. 동은 해가 뜨는 동쪽의 의미이고 우리민족을 상징한다. 우리민족은 해가 뜨는 동쪽을 중요하게 여겼다. 백낙규는 동학(東學)을 접하면서 새로운 세상에 대한 희망을 갖고 이 일에 적극 참여하였다. 그러나 동학은 외세의 침략과 봉건적인 권력 앞에 실패로 돌아갔다. 이 일에 좌절한 그가 다시금 희망을 품고 기독교신앙인으로 거듭나서 평생을 섬긴 곳이 황등 최초의 교회인 동련교회(東蓮敎會)이다. 그리고 그가 동련교회에서 동학의 민족성과 기독교의 신앙교육을 담아낸 학교가 계동학교(啓東學校)이다.

백낙규는 의욕과 열정은 넘쳤지만 자신이 교육에 전념할 수는 없었다. 그 이유는 자신은 제대로 신학문을 공부한 사람이 아니었기 때문이었다. 백낙규는 자신은 그저 학교를 책임지고 재정적으로 지원하는 오늘날로 말하면 이사장격인 역할을 수행하였다. 그리고 학교 교육은 일체의 간섭이 없이 전문가인 교사를 모셔 와서 맡겼다. 이처럼 지원은 하되, 간섭은 하지 않았다. 백낙규는 계동학교 운영에 대한 열정으로 서울에서 낙향한 주변의 우국지사들과 신학문을 배운 젊은이들을 초빙하였다. 이렇게 해서 계동학교는 수준 높은 교육과정을 갖춘 민립학교로서 틀을 갖춰나갈 수 있었다.

계동학교는 한자어의 뜻대로 우리민족의 영원한 지향점인 동쪽(東), 그곳을 밝힌다(啓)는 말 그대로 "해 뜨는 광명의 동녘을 밝히는 일꾼들을 길러내는 모판"이었다. 주위에 가난과 억압 속에서 배울 기회를 잃어버린 수많은 이들이 이곳에 몰려들었다. 상투를 맨 어른에서 아들 뻘 되는 어린 학생에 이르기까지 '오직 배움'에 대한 열망으로 가득하였다.

> 만여리에 최후지에
> 문명날개는 금마터에
> 계동학교 분명하구나

장래 영웅 호걸장사

큰일 배우러

매우사리 힘써 주소

구름같이 뭉쳐오소

앞으로 앞으로 우리 계동학교

앞으로 앞으로 선듯선 듯 나서며 〈계동학교 교가〉[34]

백낙규가 계동학교의 민족교육에서 가장 중요하게 여긴 과목은 성경이었다. 왜냐하면 그는 성경 속에 모든 진리가 다 들어 있다고 믿고 있었기 때문이다. 동련교회는 전체 헌금의 89~90%를 계동학교의 운영에 지출할 정도였고, 주위의 뜻있는 이들이 후원회를 결성하여 도왔으나 학교운영에는 늘 돈이 많이 들었다. 그때마다 백낙규는 자신의 가산을 팔아 충당해나갔다.

계동학교는 1936년부터 일제의 신민화교육정책[35]에 의해 황등에 공립 황등국민학교가 세워지면서 계동학교를 은근히 '개똥학교'로 폄하해서 불리게 하고 4년제 교육만 실시하도록 교육과정을 제한하였다. 이런 어려움으로 인해 결국 1947년까지 371명의 졸업생을 배출하고는 문을 닫고 말았다. 동련교회는 계동학

---

034 연규홍, 『생명나무에 이르는 길』, 73쪽.
035 일본천황에게 충성을 다하는 신하와 백성으로 만들어내는 교육정책을 말한다.

교 정신을 계승하는 뜻으로 교회 건물 중 하나를 계동관(啓東館)이라고 하여 이곳에서 성경공부와 교회학교교육과 친교를 하고 있다.

계동학교 교사(敎師) 중에는 이보한이라는 사람이 있었다.[36] 이보한은 전북 전주 출신으로 어머니가 신분이 낮은 출신이라는 이유로 서자(庶子) 취급을 받으면서 자랐다. 이보한은 어머니를 일찍 여의고 배다른 형제들 사이에서 외톨박이로 자랐고, 어려서 홍역을 앓아 왼쪽 눈까지 잃었다. 이처럼 어려운 환경이었지만 배움에 열정으로 어깨너머로 한글을 깨쳤고, 선교사들을 통해 서양학문을 접하고 영어를 익혔다. 이보한은 계동학교 교사로 열정을 불태웠다. 자신이 제대로 학교에서 배운 지식이 아닌 스스로 터득해서 배운 한글과 영어와 신학문을 생활과 관련지어 알기 쉽게 가르쳤다.

이보한은 황등 지역에 살면서 교회로 전도하는 일에도 열심이었다. 이보한은 한창 바쁜 농번기에는 농사꾼들과 함께 팔뚝을 걷어붙이고 모도 심고 낱알도 거두었다. 옷이 없어 힘든 사람을 보면 자신의 옷을 벗어주고 굶주린 사람을 보면 주위의 부잣

---

036 이보한에 대한 자료는 연규홍, 『예수꾼의 뚝심-동련교회 90년사』, 39-41쪽, 연규홍, 『생명나무에 이르는 길』, 75-81쪽을 참조하였다.

 작은 불꽃, 기성 계원식의 삶과 신앙

집으로 데리고 가서는 자기 집처럼 밥을 얻어 먹었다. 그러다보니 가난하고 병든 사람들이 이보한을 크게 의지하였다. 이보한은 나라를 잃고 가난과 질병 속에 사는 사람들에 대해 뜨거운 사랑을 쏟았다.

이보한은 나라를 강탈해간 일제에 대해서는 단호하게 거부하는 분노를 내뱉었다. 이보한은 1919년 3.1운동에도 관련된 사람이었다. 이보한은 서울 민영휘의 집에 들렀다가 만세운동 대열에 참여하였다. 종로경찰서에 끌려가 고문과 취조를 받았다. 이보한은 젊은이들에게 두 눈을 부릅뜨고 정신 바짝 차리고 바른 정신으로 살아서 잃어버린 나라를 되찾아야한다고 외쳤다. 이보한은 자신의 가난과 민족의 가난을 일제식민지의 착취와 억압에서 찾았다. 이것이 1919년 3.1운동이 일어나자 만세시위에 적극 가담한 이유였다.

그는 백낙규와 이보한과 같은 실천적인 기독교 정신과 나라사랑의 교육이야말로 이 시대에, 이 사회에 꼭 필요한 일이라고 여겼기에 동련교회 장로로서 학교 운영을 위한 일들을 협력해나갔다. 그러면서 그는 자신이 할 수 있는 일로 학생들의 건강을 위해 무료진료와 건강교육을 도맡아서 하였다. 학교를 위해 재정적인 지원도 하였다. 그의 딸들도 계동학교에 보냈고, 후에 딸들이 경성(지금의 서울)에서 공부를 하고는 돌아와서 교사로 봉사하게 하였다. 1924년 4월 1일에는 계동학교 교장으로 취임하여, 학교의 내실을 다지고 교사들이 교육에만 전념할 수 있도록 힘을 기울였다. 이때 그도 백낙규와 같이 최선을 다하는 지원을 하되, 간섭하지 않는 자세를 취하였다.

새로운 교회의 시작, 황등교회

그가 기성의원을 개원한 이유는 의술(醫術)을 통해 자신이 돈을 벌려는 이유가 아니라 나라를 사랑하고 지역을 섬기려는 뜻이었다. 그리고 더 중요한 이유는 지역에서 선교 역할을 담당하는 것이었다. 그러기에 그는 기성의원에 드나드는 환자나 자신이 고용하는 조수에게 자신을 통해 예수가 전해지고 교회가 드러남을 의식하였다. 이런 이유로 말과 행동에 신중하였다. 기성의원에는 언제나 전도용 책자가 있었다. 환자들이 진료를 기다리면서 자연스럽게 전도책자를 볼 수 있게 하였고, 마음의 문이 열린 사람들에게는 기독교 복음을 정성껏 전하였다. 그러다 보니 그는 자연스럽게 전도를 많이 하는 사람이었다. 이렇게 해서 그가 동련교회로 전도한 이들이 많았다.

그 당시는 목회자가 부족한 시대였고, 평신도 지도자도 부족하였다. 그는 기도회와 신앙의 대를 이을 교회학교를 중요하게 여겼다. 이를 교회에서 해결해주면 좋으련만 교회 여건상 쉽지 않았다. 그가 전도한 많은 사람들은 기독교 신앙을 제대로 모르고 동련교회까지 가기에는 거리가 먼 황등시장터 부근의 사람들이었다.

그는 동련교회에서 정해진 예배와 기도회 이외의 시간과 장소를 통해 기도회와 신앙의 대 잇기 교육을 펼쳐나갔다. 기성의원에서 4일밤(목요일) 기도회와 교회학교를 실시하였다. 이 일에 그는 자신의 아내와 4남매가 함께 하도록 하였다. 그의 아내와 4남매는 이런 그를 진심으로 따랐고, 마음을 다해 함께해 주었다. 이렇게 시작된 기도회와 교회학교가 씨앗이 되어 동련교회에서 분립한 곳이 오늘의 황등교회이다.

복음은 하나의 씨앗과 같다. 땅에 떨어진 씨앗은 싹을 띄우고 새순으로 자라 오른다. 그 새순은 줄기가 되고, 가지가 되어, 꽃을 피우고 열매를 맺는다. 황등지역문화의 토양에 뿌려진 복음의 씨앗이 지난 90여 년 동안 충실히 자라 거대한 나무가 되고, 화려한 꽃을 피웠다.

그는 기도를 매우 중요하게 여겼다. 그것은 그가 1907년 평양대부흥운동이 기도로 시작되었던 것을 경험함에 기인한다. 기도는 모든 힘의 원천이요, 원동력이었다. 기도는 신앙인들의 영적 생명의 근원으로서 활력이 쏟아나게 하는 샘물이다. 기도 없는 삶은 하늘이 닫히고, 땅이 막힌 소통 부재의 삶이다. 기도의 영성은 하나님과 통하고 세상과 통하는 절대자유적인 삶에서 완성되는 것이다. 그는 예수님이 하신 치료의 기적을 제자들이 못한 이유를 기도의 문제라고 보았다. 믿고 기도하지 않고 간절하지 않은 기도는 하나님께 전해지지 않는다. 기도는 단지 사람의 욕구를 충족하기 위한 하나님께 매달림이나 심리적인 위안이 아니다. 그것은 철저히 자신을 비우고 청빈과 가난 속에서 하나님의 뜻을 받아들이는 순종적인 헌신이다.

황등교회는 기도와 교육으로 시작된 교회이고, 자발적인 교회이다. 교회의 시작이 외국 선교사에 의해서나 외국 선교기금으로가 아니었다. 또한 뛰어난 목사 한 사람에 의해서가 아니었다. 나라사랑으로 뜻하지 않게 고향을 잃어버린 선각자가 황등 지역에서 뿌리를 내리면서 지역의 신앙인들과 마음과 뜻과 정성과 재정을 모아 교회를 시작한 것이다.

그는 새로운 교회를 시작하면서 기성이라는 이름을 사용해야한다고 주장하거나 자신이 뜻한 이름을 주장하지 않았다. 기성의원 기도처에서 교회가 시작되었으니 기성교회라고 하던가 자신이 교회 이름을 제안할 수도 있었다. 그러나 그는 그렇게 하지 않았다. 기성의원은 자신이 주인으로서 자신의 고향이름을 따서 지은 것이지만 교회는 자신이 주인이 아닌 하나님이 주인이신 것으로 확신하였다. 그리고 성경에 나오는 교회 이름들이나 자신이 평양에서 다닌 교회들처럼 지역 이름을 따서 짓는 것이 옳다고 여겼다. 그는 황등시장터 부근에서 교회가 시작되는 만큼 황등교회라고 명명(命名)하였다.

황등교회는 암울한 시대 속에서 지역을 살리려는 선구자들에 의해서 자생적으로 설립되었다. 황등시장터 부근 교인들 중에서 선구자들은 그의 학식과 덕망과 신앙을 존경하며 그를 맞이하고 따랐다. 이는 황등교회가 폐쇄적이고 배타적인 지역이기주의가 아닌, 포용적이고 관용적인 모습임을 보여주는 의미로 생각할 수 있다.

이처럼 이주민에게 포용적인 특징은 황등지역이 양반의 세력이 강한 유교적인 전통이 강하지 않았기 때문이었다. 또한 5일장이 열리고 그에 따라 상권이 형성되고, 황등 석산으로 인해 몰려드는 외지인(外地人)들이 많다보니 토착민 못지않게 외지

 작은 불꽃, 기성 계원식의 삶과 신앙

인의 숫자가 많았다. 황등에 이주한 외지인들은 대체로 성실한 삶으로 모범을 보였기에 외지인에 대한 반감(反感)도 없었다. 이런 이유로 토착민(土着民)이나 외지인의 구분이 그다지 중요하지 않았다. 이런 특징은 일제강점기에 일본인이 들어온 것에 대해서도 크게 반감을 갖지 않은 이유가 되었다. 그래서 황등에 이주해 온 일본인들이 그다지 악행을 행하지도 않은 이유가 되었다.

황등교회는 이주민을 포용하고 화합하는 역사적 전통 위에 교회가 설립되었다. 그가 선구자로서 훌륭한 신앙과 지성인이었으나 낯선 곳에서 평양지역 사투리를 쓰는 그가 황등에 정착하고 영향력을 발휘한다는 것은 쉬운 일이 아니다. 그러나 황등의 선구자들은 그를 받아들이고 깊이 존경하며 화합하였다. 이런 화합이 황등교회의 힘으로 작용하였다.

황등교회는 하나의 교회가 부흥하는 데 목표를 두지 않고, 교회가 직면한 지역사회를 변화시키는 데 앞장섰다. 교인들은 술로 타락했던 황등 장날을 변화시켜 나갔다. 교인들의 열정으로 장날이 주일이면 장이 형성되지 않을 정도였다. 이처럼 황등교회는 지역을 섬기고 지역을 변화시키는 생활신앙운동에 역점을 두었다. 그는 황등교회 교회학교 어린이들에게 '금주가(禁酒歌)'라는 찬송가를 가르쳤고 전도지를 나눠주어 전도를 권하였다.

어린이들은 황등 5일장에 가서 금주가를 부르고 전도하였다.

황등교회는 철저한 신앙으로 아무리 수입이 많다고 해도 주일성수를 철저히 지켜나갔고 그 누구보다 성실히 살다보니 황등의 상권을 장악해나갔다. 황등시장 대부분의 상권은 황등교인들이 장악하고 있었다. 이런 철저한 주일성수 정신은 오늘까지 이어져 주일에 황등의 대부분 상점이 문을 닫고 있다. 황등교회는 시작부터 신앙을 바탕으로 한 교육을 중시하여 교회학교가 활성화되었다. 황등교회 교회학교는 교회설립보다 먼저였다. 기성의원에서 시작된 교회학교는 신앙교육뿐만 아니라 금주와 금연운동으로 생활신앙운동을 펼쳐나가는 지역사회의 계몽을 위한 시민운동이기도 하였다. 이처럼 교회가 지역을 변화시키고, 지역에 이바지하는 모습은 김구가 한 말을 연상시킨다.

나는 제군들에게 환영을 받는 이 자리에서 마음으로 부끄럽기도 하고 희망도 있다. 그것은 27년간이나 해외에서 독립운동을 한다고 하다가 미완성품의 정부를 가지고 온 것이다. 그러나 그리스도의 정병들이 내 뒤에 있고, 하나님이 내 위에 계시니 내 담대히 이 자리에 서노라. 어떤 나라든지 업신여기지 못하고 침략하지 못하는 강한 나라를 세우고자한다. 여기에는 2대 방책이 있으니 건국(建國)과 건교(建敎)를 동시에 함이다. 교회가

 작은 불꽃, 기성 계원식의 삶과 신앙

있는 나라는 아름다운 나라요 강한 나라다. 경찰서 열을 세우지 말고, 교회 하나를 세우라. 나는 서대문 감옥에서 15년 동안이나 징역을 살았는데, 나의 어머니는 면회 오실 때마다 '너는 성서를 떠나지 마라 가족은 내 곁에서 못 위로할지라도 예수님이 너를 떠나지 않으리라'고 하시던 말씀은 늘 내 마음에 새롭다. 우리는 어떻게 하면 망하지 않는 강한 나라를 세울까 곧 성서 위에 세워야 한다. 그리하여 우리는 하나님의 국민이 되어서 서로 잘 살 수 있다.[37]

1921년 10월 13일 목요일에 시작한 기성의원의 4일기도회는 1924년 11월 1일 황등시장터에 목조건물을 완성하고 입당예배를 드렸다. 이 장소는 당시 동서남북으로 통로가 있어서 사람들이 많이 드나드는 망건장[38] 입구에 자리 잡기로 하고 옛날 한옥

---

037 김구, "강한 나라를 세우자", 〈활천〉(1946년 1월호), 3쪽.
038 망건장(網巾場)은 망건을 사고 파는 시장을 말한다. 상투를 틀고 머리카락을 여며서 매는 남성용 머리띠가 망건이다. 갓이나 탕건은 반드시 망건 위에 덧쓰는 것으로서 과거의 남자는 항상 망건을 쓰고 있었다. 상인(喪人)은 포망(布網)을 쓰며, 『재물보(才物譜)』에서는 '흑회(黑繪)'라고도 하였는데, 이는 중국식 표기이다. 망건이 언제부터 시작되었는지는 알 수 없다. 『세종실록』 오례의(五禮儀)에 기록이 처음 보이나 비단인지 말총인지 재질은 분명하지 않다. 『경국대전』에는 경공장으로서 상의원(尙衣院)에 망건장(網巾匠) 4명을 배치한다고 하였는데, 이는 간단하게 만들 수 없는 기능적 제품임을 뜻한다. 『오주연문장전산고(五洲衍文長箋散稿)』에는 그 제도가 명나라 태조 때 비롯되어 도사(道士)가 비단실로 망건을 떴다는 고사를 소개하고 있다. 『지

형태의 6칸을 매입하여 수리한 것으로 이 곳은 지금의 황등교회 관리집사 사택과 목사관이 있다.

계원식 장로의 헌신적인 전도로 기도처에 모이는 평신도가 많아지자 계원식 장로는 동련교회와 황등리에 사는 평신도들이 기쁜 마음으로 헌금했던 그 돈을 모아 5칸짜리[39] 집을 마련하고 동련교회 5회(1928년 5월 24일) 당회에 분립청원서를 제출하자 당회에서는 기쁜 마음으로 교회 분립 허가를 결의하였다.[40]

봉유설』에는 중국 · 한국 · 류큐(琉球)사람들만이 망건을 썼다는 견문기(見聞記)가 있다. 따라서 처음에는 명주실로 만들다가 16세기 후반에 이르러 말총으로 만들기 시작한 듯하다. 우리나라에서는 조선시대에 말총을 활용하는 공예가 매우 성행하여 왕의 관모에도 '총겨리겹갓'이 있을 만큼 신분을 초월했고, 탕건과 갓에 이르기까지 널리 활용하였다. 말총으로 관모를 제작한다는 훌륭한 착안과 더불어 그 제품의 정제된 품위는 세계의 어느 모자에 견주어 손색이 없다. 망건은 직조의 가장 기본적인 방법으로 편자(下帶)를 짜고, 중간부위는 망으로 뜨며, 맨 위의 당(上帶)은 고를 내어 신축성 있게 엮음으로써 당줄을 꿰어 죄어맬 때 두상의 생김새에 알맞게 되어 있다. 만들 때는 목제 망건골에 걸어 뜬 뒤 골 채(彩) 끓는 물에 삶아내어 고정시키면 다시 헝클어지지 않는다. 그 다음 검은 명주로 선을 두르고 당줄을 매고 관자(貫子)를 달고 이마 위에 풍잠을 붙여 완성한다. 관자는 신분을 나타내는 표시가 되어 1품 벼슬은 비취관자, 2품은 금관자, 3품 이상 당상관에는 옥관자를 다는 등의 구분이 엄격하였다.

039 김수진은 "평신도 운동이 한국교회 성장에 미친 영향에 대한 연구-교회사적 측면에서"에서는 5칸짜리라고 하였으나, 『황등교회 60년사』에서는 6칸짜리라고 하였다. 여기서는 김수진의 글을 직접인용으로 한 것이기에 5칸짜리라고 하였다. 김재두의 증언에도 6칸짜리 정도라고 하였기에 이 글에서는 6칸짜리라고 하였음을 밝힌다.

040 김수진, "평신도 운동이 한국교회 성장에 미친 영향에 대한 연구-교회사적

 작은 불꽃, 기성 계원식의 삶과 신앙

　위의 구절은 그의 공헌이 지대함을 분명히 밝히고 있기는 하지만 주목해서 볼 것은 6칸짜리 집을 마련할 때, 그 자금을 그가 혼자 마련한 것이 아니라는 것이다. 물론 그가 당시 그의 직업과 재력으로 볼 때, 가장 많은 금액을 헌금하였을 것이다. 그러나 황등시장터에 거주하는 교인들도 적은 금액이지만 그들의 생활 형편으로서는 정성을 다해 함께 참여하여 마련하였다. 이는 매우 뜻 깊은 일이다. 그 당시 그의 신앙과 인격과 재력으로 볼 때, 그가 혼자 감당할 수도 있었다. 만약 그랬다면 황등교회는 그의 교회처럼 인식될 수 있었다. 교인들은 교회 운영을 위한 재정에서 그에게 의존하고는 자신들의 의무를 다하지 않을 수 있었다. 이렇게 되면 교회는 건강하게 운영되거나 발전할 수가 없다. 교회는 여럿이 함께 해야 한다. 적은 금액이라도, 작은 일이라도 함께 하고 협력할 때 교회는 반석위에 터 잡고 세워질 수 있다. 교회당 마련을 위해 황등시장터 교인들은 헌금만이 아니라 수리하는 일에 몸으로 노력봉사를 하였다.

측면에서", 244쪽.

13

———

황등교회 창립정신과 선구자들

황등교회 창립[41] 당시 처음 제직[42]으로는 그가 유일한 장로였고, 집사로는 그의 아내 이자희와 동련교회에서 황등교회 분립에 뜻을 같이한 김용출과 군산 구암교회에서 그를 따라 왔던

———

[41] 엄밀한 의미로는 창립(創立)이나 설립(設立)이 아니다. 창립이나 설립은 처음에 새롭게 세운다는 뜻이다. 기존의 교회에서 분립(分立)된 것이니 분립해서 설립한 것이 맞다. 이미 동련교회가 있었다. 황등교회는 동련교회 장로인 그와 집사인 그의 아내 이자희와 김용출, 양기철과 그 외 교인들 수십 명이 설립한 것이니 분립이라고 함이 맞는 표현이다. 그러나 분립해서 새롭게 시작한 것이기도 하기에 이 글에서도 이를 따르기로 한다.

양기철으로 3인이 있었다. 그리고 얼마 지나지 않아 처음에는 교회 분립을 반대하던 오일봉 가족이 황등교회로 오게 되어 큰 힘이 되었다. 오일봉은 전주 태생으로 선대로부터 이어온 독실한 기독교신앙인이었다. 오일봉은 서울 YMCA(서울기독청년회)에서 운영하던 청년학원에서 공부하였고, 동련교회가 운영하는 계동학교를 졸업해서 기독교 정신에 따른 민족의식과 지역사회 섬김에 대한 이해가 깊은 사람이었다. 오일봉의 아내 오순애는 아버지 오경선이 전북 부안군 대수리교회를 설립하고 영수로 교회를 섬긴 사람이었다. 오순애는 전주 기전여학교 고등과 4년을 졸업하였고, 전주고등성경학교를 졸업한 사람이었다.[43] 1922년 4월

---

042 제직(諸職)이란 교회의 직원을 가리키는 말이다. 장로교회에서는 목사, 전도사, 장로, 안수집사, 서리집사를 제직이라고 부른다. 그중에 목사, 장로, 안수집사, 권사를 항존직이라고 부른다. 전도사나 서리집사는 임시직이라고 한다. 제직 중에 목사와 전도사를 교역자라고 하며, 제직이라고 하면 장로, 권사, 안수집사, 서리집사를 의미한다. 직분자를 세우는 목적은 에베소서 4장 11-12절에 근거한다. "그가 혹은 사도로, 혹은 선지자로, 혹은 복음 전하는 자로 혹은 목사와 교사로 주셨으니 이는 성도들을 온전케 하며 봉사의 일을 하게 하며 그리스도의 몸을 세우려 하심이라" 온전케 한다는 말은 일이나 사람을 바로 있어야 할 그 상태로 있도록 해주는 것으로 교인이 기독교신앙인답도록 도와주고 인도하며, 보살핀다는 의미이다. 직분이란 말 자체가 봉사라는 뜻을 내포하고 있듯이 교회직분은 권위직이 아니라 어디까지나 봉사직이다. 이 봉사는 설교나 교육이나 말로만이 아니라 어려운 처지에 속한 사람들을 직접 돕고 위로하고 도와주는 일에 헌신적이고 실제적인 실천을 의미한다. 그러므로 직분을 받은 사람은 직분에 대한 투철한 사명의식과 겸손한 자세로 맡은 바 직무를 다하여야 한다.
043 김수진, 『황등교회 60년사』, 69쪽.

5일~1924년 3월 5일까지 계동학교 교사를 역임하기도 하였다.

그가 전도한 김희갑은 평생을 그와 함께한 사람이었다. 김희갑은 충남 논산에서 이주해온 사람이다.[44] 김희갑은 황등교회에 출석하면서 봉사하였다. 김희갑은 그와는 나이도 고향도 직업도 달랐지만 형제처럼 사람됨이 닮아 있었다. 김희갑은 항상 웃는 인상이었고, 자신의 주장을 강조하지 않았다. 김희갑은 힘든 일을 하면서도 입가에는 항상 찬송 소리가 그치질 않았다. 교회일이나 교회 관련된 일 이외에는 거의 출타하는 일도 없었다. 김희갑은 자신과 가정을 위한 일에는 근검절약을 하였으나 교회를 섬기고 지역과 이웃을 섬기는 데는 돈과 시간을 아끼지 않았다.

김희갑은 매일 아침 눈을 뜨면 기도한 후에 성경한 구절을 읽고, 하루일과를 시작하였다. 김희갑이 즐겨 사용한 성경구절은 "손을 게으르게 놀리는 자는 가난하게 되고 손을 부지런히 놀리는 자는 부하게 되느니라"[45]와 "누구든지 일하기 싫어하거든 먹지도 말게 하라"[46]였다. 김희갑은 자신의 외아들 김봉재가 일을 하지 않으면 용돈을 한 푼도 주지 않을 정도로 성실을 강조

---

44 김희갑에 관한 자료는 황희생, "'김희갑' 장로님 "신황등교회" 복귀", 전희종, 『신기교회 50년사』(신기교회 50년사 발간위원회, 2011), 98-100쪽, 전기년, "신기교회의 창립자 김희갑 장로님의 아름다운 성품", 100-101쪽을 참조하였다.
45 잠언 10장 4절.
46 데살로니가후서 3장 10절.

하고, 그것을 가풍(家風)으로 삼았다. 김희갑은 4~5명의 종업원들을 두고 정미소(精米所)를 크게 운영하면서도 권위적인 모습이 없이 종업원들과 함께 일을 하였다. 정미를 부탁 받으면 종업원들을 시키지 않고 자신이 직접 소달구지를 몰고 가서 벼를 실어다가 정미하여 다시 실어다 주었다. 김희갑은 "땅은 배신하지 않는다"는 말을 즐겨할 정도로 우리 땅과 우리 농업에 애정이 남달랐다. 김희갑은 "누구든지 자기의 가족을 돌보지 않으면 믿음을 배반한 자로 불신자보다 더 악하다" 하면서 어렵게 살던 자신의 형 김희종을 황등면 신정마을에 집과 논밭을 마련해 주었다. 또한 8촌 조카인 김해룡을 고향에서 데려와 영등리(지금의 영등동)에서 살 수 있는 터전을 마련해 주었다.

김희갑은 황등교회에서 집사와 장로로 교회를 섬기다가 신황등교회가 분립될 때 신황등교회로 옮겼다. 그러다가 자신의 집에서 시작한 기도회를 통해 신기교회를 태동시켰고, 그 집을 헌납하여 신기교회를 창립하는데 크게 공헌하였다. 김희갑은 신기고회가 담임목회자를 두게 되는 등 그 기초가 든든해지자 홀연히 신황등교회로 돌아갔다. 김희갑은 신기교회의 저녁예배나 수요기도회 등에 가끔씩 참여하여 기도를 담당하거나 주일 예배 시작 전의 장년교회하교 공과공부를 담당하는 정도로 신기교회의 성장에 계속 관심을 가졌지만 간섭하지 않았다. 그러면서 신기교회가 어렵고 중요한 고비를 맞을 때는 큰 사랑으로 교회를 돕는 데 앞장섰다.

김희갑은 "선교사가 선교지에서 복음을 전하고 교회를 세운 다음에는 본국으로 돌아가서 기도로 돕고 교회의 주요 행사에만 더러 참여하는 것처럼 자신도 교회 세우는 일로 신기교회에서의 사명은 끝났다"면서 "교회에 남게 될 경우 혹시라도 교회를 세웠다는 자만심으로 교회 운영에 과도하게 영향력을 행사하려 할 우려도 있으니 일단 시무는 본래의 교회에서 하고 신기교회에 대해서는 그저 기도와 큰 관심으로만 측면에서 돕는 것"이라고 말하였다.

김희갑은 신황등교회가 설립한 황등가정여학교(현재 진경여자 중고등학교) 초대 이사장을 지내는 등 신황등교회에서도 중추적인 역할을 담당하다가 1976년에 장로직을 은퇴하였다. 김희갑은 장로 은퇴후 "신황등교회에서 자신의 역할은 끝났다"면서 처음에 신앙생활을 시작하고 세례를 받았으며 장로가 된 황등교회로 돌아갔다.

당시로는 목회자가 부족한 시대다보니 구연직 조사[47]가 교

---

047 『2018 황등교회 요람』에는 구연직 목사(1936년 5월 31일~1939년 4월 14일)로 나온다. 구연직이 조사로서 사역한 시기는 파악하지 못했음을 밝힌다.

회를 섬겼다. 구연직 조사는 평양장로회신학교 3학년생이었고,
황등교회와 동련교회를 모두 담임하면서 평양장로회신학교 재
학생이다 보니 학기 중에는 교회를 비울 수밖에 없었고 방학 중
에도 두 교회를 섬기느라 바빴다. 그러다보니 그가 구연직 조사
의 빈자리를 채웠고, 김용출과 양기철과 오일봉이 간증 형태의
설교를 하였다. 1928년 그는 노회 승인에 따라 정식으로 황등교
회 창립예배를 드리게 되었다. 그때 그는 유일한 장로로서『황
등교회당회록』의 첫 장을 이렇게 썼다. 이 내용은 황등교회의
정신이요, 황등교회가 나아갈 방향을 담아낸 황등교회 헌장일
것이다. 그 내용은 다음과 같다.

조선야소교장로회(朝鮮耶蘇教長老會)　황등교회당회록(黃
登教會堂會錄) 記(기)[48]
만복의 근원되시는 우리 주 하나님 아버지께 만민들아 경배
할지어다. 그는 타락된 우리 인생을 사랑하사 친히 자녀를 삼으

시려고 독생자 예수를 1928년 전에 세계의 중심 점지(桑地)[49] 유태국 베들레헴 촌(변두리) 객사(여관) 마방 간(마굿간)에 동정녀 마리아 몸에 탄생케 하사 천국 복음을 인간에 전파하여 인류를 구원하는 길을 여셨다. 주님 구주 예수께서는 가난한 자에게 복음을 전하시고 사로잡힌 자를 다시 놓이고 눈먼 자를 다시 보게 하신다. 눌린 자를 자유롭게 하신다. 희년(禧年)을 전파하셨다. 즉, 인간이 해결할 수 없는 모든 난제(難題: 어려운 문제)를 친히 해결하셨도다.

또한 하나님의 예정대로 십자가에 달려 죽으심으로 만민의 죄악을 대속하셨다. 만민은 예수를 믿음으로만 속죄(贖罪)함을 받아 영혼구원(救靈)이 가능하게 되었다. 예수님은 사망의 권세를 깨뜨리시고 3일 만에 부활하셨고, 40일 동안 제자들과 함께 하시다가 승천하실 때 모든 제자에게 마지막으로 당부의 말씀을 하셨다.

예수께서 나아와 말씀하여 이르시되 하늘과 땅의 모든 권세를 내게 주셨으니 그러므로 너희는 가서 모든 민족을 제자로 삼아 아버지와 아들과 성령의 이름으로 세례를 베풀고 내가 너희에게 분부한 모든 것을 가르쳐 지키게 하라 볼지어다 내가

---

049 '점지'라는 말은 세계의 중심 지역을 뜻하는 말이다.

세상 끝 날까지 너희와 항상 함께 있으리라 하시니라[50]

그러므로 그리스도는 교회의 머리가 되시고,[51] 성도(聖徒)는 그의 것인 백성이다.[52] 바울이 에베소 교회 장로들에게 긴히 당부한 말씀이다.

여러분은 자기를 위하여 또는 온 양 떼를 위하여 삼가라 성령이 그들 가운데 여러분을 감독자로 삼고, 하나님이 자기 피로 사신 교회를 보살피게 하셨느니라 내가 떠난 후에 사나운 이리가 여러분에게 들어와서 그 양 떼를 아끼지 아니하며 또한 여러분 중에서도 제자들을 끌어 자기를 따르게 하려고 어그러진 말을 하는 사람들이 일어날 줄을 내가 아노라[53]

---

[50] 마태복음 28장 18-20절.
[51] 모든 통치와 권세와 능력과 주권과 이 세상뿐 아니라 오는 세상에 일컫는 모든 이름 위에 뛰어나게 하시고, 또 만물을 그의 발아래에 복종하게 하시고 그를 만물 위에 교회의 머리로 삼으셨느니라, 교회는 그의 몸이니 만물 안에서 만물을 충만하게 하시는 이의 충만함이니라(에베소서 1장 21-23절).
[52] 그러나 너희는 택하신 족속이요 왕 같은 제사장들이요 거룩한 나라요 그의 소유가 된 백성이니 이는 너희를 어두운 데서 불러내어 그의 기이한 빛에 들어가게 하신 이의 아름다운 덕을 선포하게 하려 하심이라, 너희가 전에는 백성이 아니더니 이제는 하나님의 백성이요 전에는 긍휼을 얻지 못하였더니 이제는 긍휼을 얻은 자니라(베드로전서 2장 9-10절).
[53] 사도행전 20장 28-30절.

사랑하는 제자요, 동역자인 디모데에게 이렇게 당부하였다.

네가 이것으로 형제를 깨우치면 그리스도 예수의 좋은 일꾼이 되어 믿음의 말씀과 네가 따르는 좋은 교훈으로 양육을 받으리라, 망령되고 허탄한 신화를 버리고 경건에 이르도록 네 자신을 연단하라, 육체의 연단은 약간의 유익이 있으나 경건은 범사에 유익하니 금생과 내생에 약속이 있느니라, 미쁘다 이 말이여 모든 사람들이 받을 만하도다, 이를 위하여 우리가 수고하고 힘쓰는 것은 우리 소망을 살아 계신 하나님께 둠이니 곧 모든 사람 특히 믿는 자들의 구주시라, 너는 이것들을 명하고 가르치라, 누구든지 네 연소함을 업신여기지 못하게 하고 오직 말과 행실과 사랑과 믿음과 정절에 있어서 믿는 자에게 본이 되어, 내가 이를 때까지 읽는 것과 권하는 것과 가르치는 것에 전념하라, 네 속에 있는 은사 곧 장로의 회에서 안수 받을 때에 예언을 통하여 받은 것을 가볍게 여기지 말며, 이 모든 일에 전심전력하여 너의 성숙함을 모든 사람에게 나타나게 하라, 네가 네 자신과 가르침을 살펴 이 일을 계속하라 이것을 행함으로 네 자신과 네게 듣는 자를 구원하리라[54]

---

054 디모데전서 4장 6-16절.

베드로는 각처 교회에 대하여 이렇게 당부하였다.

그러므로 너희가 더욱 힘써 너희 믿음에 덕을, 덕에 지식을, 지식에 절제를, 절제에 인내를, 인내에 경건을, 경건에 형제 우애를, 형제 우애에 사랑을 더하라, 이런 것이 너희에게 있어 흡족한즉 너희로 우리 주 예수 그리스도를 알기에 게으르지 않고 열매 없는 자가 되지 않게 하려니와 이런 것이 없는 자는 맹인이라 멀리 보지 못하고 그의 옛 죄가 깨끗하게 된 것을 잊었느니라 그러므로 형제들아 더욱 힘써 너희 부르심과 택하심을 굳게 하라 너희가 이것을 행한즉 언제든지 실족하지 아니하리라, 이같이 하면 우리 주 곧 구주 예수 그리스도의 영원한 나라에 들어감을 넉넉히 너희에게 주시리라[55]

장망성(將亡城)[56]을 떠나 새 하늘과 새 땅을 바라보고 전진

---

[55] 베드로후서 1장 5-11절.
[56] 장망성은 '멸망의 성', '파멸의 도시'라는 뜻이다. 애굽에 위치한 한 성읍의 예언적인 이름이다. 물론 파멸의 원인은 가증스런 우상 숭배(태양신) 때문이었다(이사야 19장 18절). 개역개정판에서는 '멸망의 성읍'으로 번역했다. 기독교에서는 종말의 때에 마침내 멸망하게 될 '이 세상'을 가리키는 말로 쓰이고 있다(로마서 3장 16절-17절). 이 표현은 기독도(基督徒)가 장망성을 떠나 천성에 이르기까지의 경험을 알레고리(무엇을 직접적으로 표현하는 것이 아니라, 다른 것에 의해서 암시적으로 표현하는 방법)적인 인물들과의 만남을 중심으로 쓴 존 번연(John Bunyan)의 『천로역정(天路歷程)』에서 언급되기도 했다.

하는 신도는 찬송과 기도와 성경낭독을 열심으로 주님과 친근
(親近)한 백성이 되기를 진력(盡力: 모든 일을 다 해야 함)해야
한다.

주강생후[57] 1928년 6월

소복(小僕) 계원식 근서(謹書)[58]

기성 계원식 친필 1928년 당회록

---

057 주강생후(主降生後)는 주님(主)이 이 땅에 내려오신(降) 출생이후(生後)를 표
현한 말이다.
058 근서는 '삼가하면서 글을 쓴다'는 말이다.

128 작은 불꽃, 기성 계원식의 삶과 신앙

이 글에서 주목해 볼 것은 그가 황등교회를 설립하기 위해 노고를 아끼지 않은 사실을 전혀 언급하지 않았다는 점이다. 지나칠 정도로 자신의 공로를 배제하였다. 그 대신 그는 철저한 하나님 중심의 신앙관을 드러냈다. 글의 첫 시작에서 그는 만복의 근원되시는 우리 주 하나님 아버지께 만민들이 경배해야함을 밝혔다. 그러면서 그 하나님이 우리를 구원하시기 위해 독생자 예수님을 보내주셨고, 유대 땅 변두리 베들레헴 여관의 마구간에서 낮고 천한 모습으로 예수님이 출생해서 우리를 구원하심을 밝혔다. 이는 황등교회의 주인이 누구인지를 분명히 한 것이다. 그리고 오직 하나님께 영광, 오직 예수 신앙이 근본이요, 예수구원 정신을 실현함이 교회의 사명임을 분명히 하였다. 이를 그는 자신의 말이 아니라 바울과 베드로가 밝힌 성경말씀에 근거함을 밝혔다. 그리고 마지막에 자신을 소복이라고 하였다. 소복이라는 말은 '작은 종'이라는 말로 하나님을 지극히 높이고 자신을 지극히 낮춘 것이다. 이런 그의 자세는 오늘날 권력과 명예에 마음을 빼앗긴 목사와 장로들과는 다른 모습이다. 또한 교회의 주인을 자처하는 교회 지도자들과도 다른 모습이다.

전북노회는 황등교회 당회장으로 동련교회 담임목사 김중수에서 윤식명 목사로 변경해서 임명하였다. 윤식명 목사는 황재삼 목사와 같이 황등교회 분립의 전권을 위임받았던 목사로,

1928년 7월 1일 윤식명 목사의 사회로 황등교회는 노회가 승인한 설립 예배를 드렸다. 윤식명 목사를 만난 그는 매우 반가워하면서 깊은 교류를 했을 것으로 여겨진다. 그 이유는 윤식명 목사의 이력(履歷)에서 주목을 끄는 점이 있기 때문이다.

윤식명은 강원도 철원 출생이다. 윤식명이 젊은 날, 서울에 있을 때 노방 전도 중이던 언더우드 선교사를 만나고 언더우드로부터 복음을 접했다. 윤식명은 새문안교회에 출석하면서 마을에서 심부름하며 신앙생활과 새로운 삶을 시작했다. 윤식명은 유진 벨 선교사를 만나, 벨 선교사의 요리사가 되었다. 벨이 목포에 내려가 사역을 시작하자 함께 목포에 내려갔다. 벨이 1897년경 무렵부터 나주와 목포 일대에서부터 사역을 하던 10여년 정도 벨 선교사를 도우며 목포 교회를 함께 세웠다. 윤식명은 벨의 추천으로 평양장로회신학교에 입학하여 1909년 9월 3일 졸업하였다. 그리고 사흘 후인 6일엔 조선예수교장로회 3회 독노회가 열리던 장대현교회에서 졸업생 8명과 함께 목사 안수를 받았다. 그러니 윤식명은 그의 아버지가 나온 평양장로회신학교 후배목사였고 그의 출신교회에서 목사 안수를 받았다.

윤식명은 1914년 제주도 모슬포교회를 중심으로 주로 한라산 남쪽 지역을 선교하는 일에 충성하던 중, 1918년 10월 태을교(太乙敎)[59] 신자들로부터 폭행을 당해 입원하기도 했다. 그러나

 작은 불꽃, 기성 계원식의 삶과 신앙

윤식명은 오히려 폭도들을 용서하며 전도하고, 이 일로 신자들을 얻으며 제주 교회들을 잘 세워 나갔다. 윤식명은 이곳에서 독립 자금을 모금하다 징역 10월을 선고 받기도 했다. 이런 윤식명의 이력에 그가 얼마나 반갑고 친근감을 가졌을까 싶다. 1920년에는 조국의 광복을 염원하며 '광선의숙(光鮮義塾)'을 설립, 신교육을 가르치며 후학을 양성하였다. 7년여 제주 선교 후 1921년 이후엔 전북지역 곳곳에서 계속 목회하였다.[60]

그와 윤식명은 고향을 떠나 온 이주민이라는 공통점이 있었고, 독립운동 자금을 지원한 일도 같았다. 그와 윤식명은 교회 분립의 일에 함께 협력한 일도 있다. 그는 동련교회 기도처로서

---

059 태을교는 1911년 고판례가 창립한 최초의 증산교단이다. 1909년 강증산이 후계자를 정하지 않고 죽자 그를 추종하던 많은 제자들은 뿔뿔이 흩어졌다. 2년 후 그의 아내였던 고판례가 강증산의 기일에 치성을 드리다가 졸도하는 사건이 발생했다. 이때부터 고판례는 생전의 강증산과 유사한 말과 행동을 하게 되었다. 그러자 많은 교인들이 증산상제의 성령이 그녀에게 임했다고 보고 다시 몰려들기 시작했다. 그 결과 고판례를 중심으로 새로이 태을교라는 증산교단이 설립되었다. 이것은 교조가 살아 있을 때는 특정한 교단 조직을 지니지 않아도 카리스마적 힘에 의해 종교운동이 잘 전개될 수 있지만 이것이 사라진 이후에는 카리스마의 원위를 대체하는 것이 필요함을 잘 보여주는 예이다. 즉 교리와 의례와 조직의 정비가 필연적으로 요청되는 상황에서 교단이 창립된 것이다. 그러나 고판례의 사촌이자 강증산의 종도였던 차경석이 교단의 주도권을 점차 장악하게 되자 고판례와 그녀의 추종자들은 교단을 이탈하여 새롭게 태을교를 재창립했다.
060 강경구, "美 선교사들 사이서 한국인 목회자 시대 연 '윤식명'-1909년 호남지역 최초 목사 안수…목포교회 담임 부임", 《전남도민일보》(2015년 6월 17일).

최초로 교회 분립의 요청을 했던 금암리 기도처의 교인들이 늘
어 교인이 늘자 교회 분립을 요청하기에 이르렀다. 이때 전북노
회에서 거행하도록 선임한 장로위원이 바로 그였다. 이는 그가
동련교회 장로로서 성공적으로 황등교회 분립을 해냈고, 동련교
회와 전북노회에서도 행정능력을 인정받은 결과로 보인다.[61]

061 "익산군 동련교회에서 금암리교회 분립 청원을 허락하고 위원은 윤식명, 계
원식 양씨로 하야 거행케 하심 바라오며."『전북노회 회의록』(제 24~30회),
131쪽, 연규홍,『예수꾼의 뚝심-동련교회 90년사』(동련교회역사편찬위원회,
1992), 위의 책, 102쪽에서 재인용.

일제강점기의 시련과 살아남기

1908년에 세워진 동양척식주식회사가 조선인의 농토를 관리하는 한편 가난한 일본인을 조선으로 이주시키고 그 농토를 경작하면서 조선인을 저렴한 노동력으로 삼으니, 일본인에게 조선은 천국과 다름없었다. 익산군 내에 있는 그 넓은 들녘은 거의 일본인들의 소유가 되고 말았다. 황등에는 모리다니(森谷元一)라는 일본인이 모리다니 농장(현재 율촌지역 일대)을 세웠고, 가다꾸리 와조오(片銅和三)[62]가 역시 가다꾸리 농장을 만들었다.

가다꾸리는 일본 니가타(新潟)현 출신이다. 가다꾸리는 원래 가와사키(川崎藤太郞)농장의 이민영농자로 출발했다. 같은 니가타 출신인 가와사키는 1895년 미지마(三島)농상은행을 설립한 인물로 자본가이며 미곡상이었다. 1904년 조선에 온 가와사키는 1905년 당시 자본 8만여 원을 투자하여 옥구와 익산 지역에 농장을 설립, 1909년에는 445정보를 소유한 대지주였다. 가다꾸리는 1906년 조선에 와서는 1907년에 가와사키로부터 독립하여 7천500원을 투자하여 1909년경 68정보를 소유했다. 1925년경 가다꾸리는 재산을 증식하여 익산과 김제 지역에 88정보를 소유한 대지주가 되었다. 가다꾸리는 황등산의 돌을 캐서 판매하는 일과 술을 제조하여 판매하는 일을 운영하기도 한 사람이었다.

가다꾸리는 황등면 보삼1구에 넓은 정원과 채소밭과 후원을 갖춘 목조가옥을 지었다. 대지 1천여 평, 건평 35평. 모두 3채로 구성돼 있었다. 다다미 7장짜리 방2개, 6장짜리 방 1개와 목욕탕, 화장실, 옷방과 마루가 달려있었다. 마당에 쓰키야마라는 일본식 정원이 있었다. 작은 동산과 연못이 있어서 우렁이를 잡기

---

062 김수진, 『황등교회 60년사』(황등교회 60년사발간위원회, 1989), 129쪽의 인명표기는 오기(誤記)이다. '기다끼리'가 아니고 '가다꾸리'이고 한자도 '片桐'이 아니고 '片銅'가 맞는다고 하였다. 김재두와 만남(2016년 5월 1일 오후 3시 10분~30분).

도 했다.[63] 이 집에는 도꼬노마가 있었다. 도꼬노마란 서화를 걸거나 꽃병을 놓기 위해 바닥보다 한 단 높게 설치한 일본 전통가옥의 실내장식이다. 여기에 가다꾸리는 천황가의 조상신 아마테라스 오미카미(天照大神)의 신당을 꾸몄다.

이 집은 1935년경 건립된 것이다. 1937년 만주사변을 앞두고 황등 일대에서도 일본군대의 전쟁대비 훈련이 한창이었다. 일본 군대를 격려하려고 일본에서 천황의 고모부가 방문하는 계획이 잡혔다. 교토에서 사찰의 주지를 하던 그의 하룻밤 유숙에 이 일대 일본인 대지주들의 암투(暗鬪)가 벌어졌다. 가장 강력한 경쟁자는 다키(多木)비료회사의 주인이며 이리공업학교 설립의 주역이었던 다키농장주였다. 그러나 가다꾸리는 한 달 만에 이 집을 새로이 지어내면서 유숙권(留宿權)을 따냈다. 이 집은 못 하나 쓰지 않고 최고급 목재로 완성된 집이다.

가다꾸리는 키가 작고 뚱뚱한 체구의 눈썹이 짙은 전형적인 일본인이었다. 가다꾸리는 도평의원(오늘날의 도의원을 말한

---

63 황인묵은 이 집을 황등고등공민학교로 쓰려고 1953년 신한공사로부터 매입하였다. 황인묵은 마당에 천막을 치고 곳간에 교실을 만들어 팔봉·삼기·황등·북일·함라에서 정식 중학교에 가지 못해 배우러온 200여 명의 학생을 받아 3년제 고등공민학교를 6년여 운영했다. 고등공민학교는 뒤에 황등중학교에 편입됐다. 당시 고등공민학교 학생들은 비가 오면 우산이 없어 비닐 포대를 뒤집어썼으며 운동화가 닳을까봐 아까워 신을 들고 다녔고 대부분은 신발도 없이 맨발로 학교에 다녔다.

다)을 지냈으며 당연직 의장이었던 지사 아래 2인자인 평의회 부의장(오늘날의 도의회의장)을 지냈다. 가다꾸리는 지금 신황 등교회 뒤편 자리에 일본 신사(神社)를 설치하였다. 이 신사에는 황등산에서 채굴한 돌 중에서 아주 단단하고 질이 좋은 것으로 해서 단을 쌓았다.[64] 가다꾸리는 강경에서 간누시(神主)를 모셔와 극진하게 제사를 올리곤 하였다.

가다꾸리와 같은 일본인 대지주가 나온 이유는 당시 많은 한국인들이 '일본인은 곧 떠난다, 땅은 못 가져갈 것 아니냐, 땅 팔아 돈 받고 일본인이 뜨면 다시 땅을 차지할 수 있다'는 루머에 속아 헐값에 땅을 팔았기 때문이다. 가다꾸리 집의 밭쪽으로는 가다꾸리의 창고가 즐비했다. 양곡 도조를 받는 날이면 우마차(牛馬車)로 혹은 지게로 쌀과 잡곡을 실어 나르는 소작인들로 골목이 분주했다. 양곡은 지금 황등면사무소 자리에 위치한 매가리간(도정공장)으로 옮겼다. 그 곳에는 조선 아녀자들 수십 명이 유리 위에 나락을 깔아놓고 돌을 가려냈다. 도정한 쌀은 군산항을 통해 일본으로 실려 갔다.

일본인들은 계속 황등으로 몰려왔다. 황등을 중심으로 한 익

---

64 오늘날도 이 신사의 돌계단이 고스란히 남아 있다. 돌계단의 숫자가 많고 단이 높은 것으로 봐서 그 당시 가다꾸리가 정성을 들여 설치했음을 알 수 있다.

 작은 불꽃, 기성 계원식의 삶과 신앙

산 일대는 지리적으로 교통이 편리하고 기후적인 여건이 좋아서 일본인들이 살기 좋은 익산지방으로 몰려왔다. 당시 익산지방의 땅값은 논은 평당 35전에서 80전 정도였고, 밭은 20전에 25전 정도 가는 가격이었다. 한국인들은 가난에 시달리고 있었고 때로는 강제로 땅을 빼앗겨 버렸다. 그런가 하면 농사를 짓기 위해서 고리(高利)의 이자를 빌려 쓰고 갚지 못하여 일본인들이 강제로 빼앗아간 땅이 많았다. 이 일로 자연히 조선인은 소작인으로 전락해 버렸고, 때로는 농토를 잃어버리자 일터를 찾아서 일본으로 또는 만주로 이민해 가는 사람들이 속출하게 되었다.

홍등에도 일본인이 점점 많아지면서 일본인을 위한 교육이 실시되었다. 1914년 1월 6일 황등공립심상소학교가 설립되었다. 황등에 일본인 소학교가 세워졌다는 것은 그만큼 일본인이 황등에 많이 살았다는 증거도 되지만 당시 황등에서 가다꾸리 농장을 경영했던 가다꾸리라는 사람의 영향력을 가름할 수 있는 것이기도 하다. 가다꾸리는 매년 농사를 짓게 되면 거기서 얻은 첫 수확인 쌀을 정성껏 포장해서 일본 천황에게 바치는 일을 했던 인물이었다.

1929년 세계대공황으로 위기에 직면한 일본경제는 그 탈출구로 대륙진출을 꾀하면서 1931년 류탸오후 사건(柳條湖事件)을 계기로 일본군의 중국 둥베이(東北) 지방에 대한 침략 전쟁을 일으켰다. 일본의 관동군(關東軍)은 둥베이 삼성(三省)을 점령하고 이듬해 내몽골의 러허성(熱河省) 지역을 포함하는 만주국을 수립하였는데 이것은 그 뒤 중·일 전쟁의 발단이 되었다. 이를 만주사변이라고 한다. 이어서 일본은 1937년 7월 7일 중국 대륙 침략을 감행하였다. 이를 중·일전쟁이라고 한다.[65] 일제는 침략전쟁 수행을 위해 식민지 한국을 대륙 침공의 교두보로, 그리고 필요한 인력과 물자의 무제한 공급지로 삼음으로써 철저하게 전쟁의 제물(祭物)로 전락시켰다.

일제는 중일전쟁을 일으키면서 사회를 전시체제(戰時體制)로 바꿔나갔다. 한국은 하나의 병영(兵營)이나 병참기지(兵站基地)처럼 되어갔다. 일제는 "생활의 전시태세화"를 부르짖고 "간소한 국민생활 실현"을 강조했다. 일제는 정신과 종교도 자신들의 의도대로 지배하기 위해 황국신민서사와 궁성요배를 강요하였다.

일제의 강압에 못 이겨 황등교회는 1938년 3월 27일 제19회 월례 제직회에서 다음과 같이 결의하였다. "황국신민의 서사급 국기게양을 실행키로 가결하다."[66] 1939년 3월 첫 주일부터 황등

---

65 중화인민공화국에서는 중국 항일 전쟁, 일본에서는 일중 전쟁 혹은 지나 사변, 서양에서는 제2차 중·일 전쟁이라고 부른다.
66 『황등교회제직회록』, 51쪽, 김수진, 『황등교회 60년사』, 104쪽에서 재인용.

교회 예배시간 전에 국민의례 실시(황국신민서사, 동방요배, 일본국가 제창, 일본국기게양)로 황등교회 국기게양대는 일장기가 바람에 휘날렸고, 매주일 아침 예배 때마다 황국신민의 서사를 외워서 일본 국민임을 되새겼다.[67] 이뿐만 아니라 일본 천황이 거주하는 일본 동경을 향해서 절을 해야 하는 궁성요배도 실시해야만 하였다. 일제의 종교탄압은 여기서 그치지 않았다. 종교 탄압은 신사참배에까지 이어졌다.

1939년 강성주 전도사가 황등교회에 부임하게 되었다. 강성주는 1896년 전라북도 익산군 웅포에서 출생하였다. 강성주는 군산 영명학교에서 신식 교육을 받고, 목사에 뜻을 두고 전주성경학원에서 성경을 공부하면서 배요한 선교사(1933년 9월 22일부터 황등교회 임시당회장)의 조사로 첫 목회의 발을 내딛었고, 평양장로회신학교에 진학하였다. 그러나 총회가 신사참배를 결의하자 선교사들이 학교를 자진 폐쇄해버리는 바람에 할 수 없이 학업을 중단하고는 낙향하여 황등교회의 목회자로 부임한 것이었다. 강성주는 배요한 선교사의 조사로서 배요한 선교사를 도와 선교구역을 순회했기 때문에 황등교회도 여러 차례 방문을 하여 그렇게 생소한 곳은 아니기도 하였다. 강성주는 일제의 탄

---

067 김수진, 『황등교회 60년사』, 472쪽.

압과 여러 가지 간섭이 심할 때, 목회를 하였으므로 고통의 연속일 수밖에 없었다. 한 달에 한 번씩 실시해야하는 황등신사참배는 황등교회 교인들에게 부담이었다.

그는 신사참배가 오직 하나님을 섬겨야하는 십계명의 제1계명에 위배됨을 알았다. 그는 신사참배를 반대하는 거룩한 일들을 전해 들었다. 그의 출신교회인 평양 산정현교회의 주기철 목사의 이야기를 잘 알고 있었다. 1936년 9월 1일, 주기철 목사는 평양장로회신학교의 부흥회를 인도하였다. 이때 주기철이 한 유명한 설교가 '일사각오'였다. 신사참배의 소용돌이에 자신의 몸을 거룩한 제단(祭壇)에 바칠 것을 드러냈다. 주기철 목사는 1936년 10월, 평양 산정현교회에 부임해서는 신사참배라는 거대한 골리앗과의 싸움을 시작했다. 신사참배 거부와 농우회(農友會) 사건 등으로 5차례의 감옥생활로 인해 육신은 만신창이가 되었으나 정신은 더욱 굳건해졌고 영혼은 맑고 깨끗해졌다. 1940년 7월, 5번째로 구속되었고 이것이 마지막 길이 되었다. 일제의 강압에 못 이겨 평양노회는 주기철 목사를 목사직에서 파면하였고, 산정현교회는 폐쇄되었으며, 남은 가족은 목사 사택에서 추방되었다. 결국 주기철 목사는 황실불경죄, 치안유지법 위반이라는 죄목으로 징역 10년형을 선고받고 평양감옥에서 수감되었다. 1944년 4월 21일, 오후 9시 감옥에서 모진 고문에 따른 고통으로 순교하고 말았다.

또한 그의 아들 계일승과 평양장로회신학교 동기동창인 손양원의 이야기도 알고 있었다. 손양원은 아버지가 장로인 독실한 기독교 가정에서 성장하였다. 1915년 칠원보통학교 재학 중 궁성요배를 거절하여 퇴학을 당했으나, 선교사 맥레이(Macrae, L.)의 항의로 복교되었다. 3.1운동에 가담했다는 죄목으로 아버지가 다산감옥에 수감되자, 학업을 중단한 후, 1921년 일본으로 건너가 스가모 중학교(巢鴨中學校)를 졸업하고 귀국하여 경남성경학교에서 공부하였다. 부산 나병원교회, 울산 방어진교회 · 남창교회 및 양산의 원동교회 등에서 전도사로 활동하였고, 동양선교회에서 일하던 중 초량교회의 목사 주기철(朱基徹)과 친교를 맺기도 하였다. 1938년 평양 장로회신학교를 졸업한 이후 줄곧 여수의 나병환자 요양원인 애양원(愛養院)의 교회에서 봉사하였으며 신사참배의 강요에 굴복하지 않음으로써 1940년 체포되어, 광복이 되어서야 출옥하였다. 그 뒤 애양원교회에서 다시 일하다가 1946년에는 목사 안수를 받았다. 1948년 10월 여수 · 순천반란사건 당시 두 아들이 공산분자에 의하여 살해되었다. 계엄군에 의하여 살해자가 체포되어 처형되려는 순간에 구명운동을 전개하여 안재선이라는 살해범을 살려내고 양아들로 삼았으나 곧 6.25전쟁이 일어나면서 공산군에 체포되어 미평에서 그들의 총탄을 맞고 순교하였다. 『사랑의 원자탄』이라는 일대기가 출판되어 영어와 독어 등으로 번역되었고 영화화되기도 하였다. 손양원의 일대기는 황등교회 청년들과 황등중학원에서 연극으로 지역사회와 함께한 적이 있다.

그는 부유한 서양약품사업으로 부자가 되었으나 이를 모두 버리고는 목사가 되어 가난하고 억눌린 동포들을 위해 헌신하다 과로사로 별세한 아버지를 자랑스럽게 여기는 사람이었다. '오직 하나님께 영광'을 가슴 깊이 간직하고 살아온 그에게 신사참배는 엄청난 과제였다. 이를 거부하는 것이 마땅한 신앙인의 자세였다. 그러나 그는 그렇게 하지 않았다. 잘못인 줄 알지만 이를 거부하지는 못하였다. 교회가 믿음 위에 든든히 서 있지 못한데 자칫 일제의 강력한 위협 앞에 교회가 무너질 것만 같았다. 그는 고민에 고민을 거듭한 끝에 일제의 힘을 교회가 이길 수는 없다고 여겼다.

신사참배 문제는 그에게 쉽지 않은 부담이고, 커다란 과제였다. 그는 이제 한 개인이 아니라 교회를 대표하는 장로였고 황등지역을 대표하는 사람이었다. 그러니 한 개인으로서 결단할 신앙적 과제만이 아닌 문제였다. 그를 바라보는 가족과 교인들과 지역민들의 눈과 귀가 있었다. 오래전에 그는 3.1운동직후 상해임시정부에 독립자금을 댄 것으로 일제로부터 도망치다시피 황등에 온 사람이었다. 이제 그는 신사참배를 거부하고 다시 도망치다시피 떠나려고 해도 일제강점기의 식민지인 우리나라 땅 그 어디에도 갈 수가 없었다. 신사참배는 이미 조선예수교장로회 총회에서 결의된 사안으로 전국적인 결정사항이었다. 그러니 그가 혼자 거부한다고 해결될 일도 아니었고 황등교회만 거부한다고 될 일도 아니었다.

그는 깊은 고민과 기도 속에서 고뇌하였다. 그리고 그는 교회를 지키기 위해서 부득이한 선택을 하기로 마음먹었다. 그는 고민 끝에 나름의 지혜를 발휘하였다. 그는 오랫동안 함께해온 후배 장로 오일봉을 찾아가서 속 깊은 이야기를 꺼냈다. 역사의 죄인이 되더라도 교회를 자진 폐쇄할 수는 없고 담임목회자를 더럽혀서도 안 되는 방안을 찾아보자는 것이었다. 오일봉은 한참을 머뭇거리더니 그 뜻에 동의해주었다. 그와 오일봉은 황등교회 담임목회자와 전체 교인들을 신사참배를 시켜 지옥을 보내는 것보다는 차라리 자신들만 지옥을 가자고 서로 기도하는 가운데 이렇게 하기로 합의한 것이었다. 그는 오일봉과 함께 황등면사무소와 황등지서를 각각 방문하여 전교인들이 황등신사[68]

---

68 이 자리는 현재 신황등교회 부근으로 1969년 칠성회가 건립한 황등 충혼탑이 세워진 장소이다.

로 참배하기 위해서 오고가는 번거로움을 피하기 위해서 대표로 신사 참배할 것을 제안하였고, 받아들여졌다. 두 사람이 신사참배를 하러가는 모습은 참혹한 시대의 아픔을 짊어지고 가는 어린 양, 도살장으로 끌려가는 고난 받는 종의 모습이었다.

이렇게 해서 황등교회 담임목회자인 강성주는 신사참배를 하지 않아도 되었고, 교인들을 설득하고 주도해야하는 부담에서 벗어날 수 있었다. 강성주는 그와 오일봉의 희생과 결단에 감격했다. 이 일은 얼마가지 못하였지만 그와 오일봉의 결단은 깊은 감동으로 가슴 깊이 되새길 일이다. 일제는 중·일전쟁에 이어 태평양전쟁을 일으키면서는 한국교회를 강압적으로 짓눌러 결국 황등교회는 1942년 4월 29일에 전교인이 신사참배를 할 수밖에 없었다.

일제의 종교탄압은 이런 일도 있었다. 1940년 12월 24일 황등면 면장은 성탄절 행사를 간소하게 하라는 공문을 보냈다. 그 이유는 이 날이 대정천황제사일[69]에 해당하기에 애국반원들은 더욱 그 의미를 따라 실천하라는 것이었다. 12월 25일 성탄절이 교회에서 중요한 축제일로 한다면 일본 대정천황의 기일(忌日)의 중요성이 약해지는 문제가 있었다. 이런 이유로 성탄절을 간

---

[69] 일본의 대정천황제사일이 12월 23일이었다.

소하게 하고 대정천황 기일을 맞아 일본에 충성하라고 강요한 것이다.

이재봉 황등교회 제2대 담임목사(1941년 3월 5일~1943년 10월 31일)는 시대적 아픔을 고스란히 짊어진 목사였다. 이재봉은 을사늑약(1905년)이 체결되던 해에 출생하고, 신사참배가 결의된 해에 목사안수를 받았다. 이재봉은 황등교회 담임목사 위임식에서도 고난의 연속이었다. 예식을 시작하기 전, 일본이 제정한 국가의식이 있었다. 이날 참석한 모든 사람은 식순에 따라 일본국가(國歌)를 한 목소리로 불렀고 일본 국기에 대한 경례를 해야만 하였다. 또한 황국신민서사라는 것을 해야만 하였다. 황국신민서사는 일제가 1937년에 만든 것으로 일제에 충성을 맹세하는 내용으로 외우게 한 것이다.[70] 이어서 궁성요배(宮城遙拜)도 해야만 하였다.[71] 나라를 강제로 빼앗긴 식민지 백성의 처참

---

070 조선총독부 학무국은 교학진작(敎學振作)과 국민정신 함양을 도모한다는 명목으로 황국신민의 서사를 기획하였다. 이에 따라 학무국 촉탁으로 있던 이각종이 문안을 만들었고, 학무국 사회교육과장 김대우가 관련 업무를 집행하였다. 이에 따라 1937년 10월 2일 미나미 지로(南次郞) 총독이 결재함으로써 공식화되었다. 그 내용은 다음의 세 가지이다. "1. 우리들은 대일본제국의 신민(臣民)입니다. 2. 우리들은 마음을 합하여 천황 폐하에게 충의를 다합니다. 3. 우리들은 인고단련(忍苦鍛鍊)하고 훌륭하고 강한 국민이 되겠습니다."

071 이는 일본제국과 그 식민지들의 주민들이 일본 천황이 있는 도쿄의 황궁을 행해 절을 하는 것이다. 특히 제2차 세계 대전 중에는 천황에게 충성을 맹세

한 비극이 황등교회 목사 위임식에서 그대로 드러난 것이다.

일본은 여기서 그치지 않고 1937년 일제(日帝)가 전쟁 협력 강요를 위해 취한 조선 통치 정책으로 일본과 조선은 '한 몸'이라는 뜻으로 이후 조선에 대한 일제 식민 정책의 표어로 쓴 '내선일체'라는 명목아래 창씨개명(創氏改名)이라는 것을 강요하였다.[72] 창씨개명 선전활동 및 강요활동에 문명기, 이광수 등은 《매일신보》에 "지도적 제씨의 선씨 고심담"같은 글을 발표하였다.

이광수가 1940년 1월 5일에 《매일신보》에 발표한 "선씨고심담" 일부 내용이다. "지금으로부터 2,600년 진무천황께옵서 어즉위(御卽位)를 하신 곳이 가시와라인데 이곳에 있는 산이 향구산(香久山, 가구야마)입니다. 뜻깊은 이 산 이름을 씨로 삼아 '향산'이라고 한 것인데, 그 밑에다 '광수(光洙)'의 '광'자를 붙이고 '수'자는 내지식의 '랑(郞)'으로 고치어 '향산광랑(香山光郞)'이라고 한 것입니다."

하고, 일본 국민들의 전의(戰意)를 드높일 목적으로 궁성요배 운동이 정점에 달했다. 학교나 관공서의 모든 행사는, 황국신민서사를 낭독하는 것으로 시작되었다. 날마다 천황이 사는 곳을 향해 절을 하고(궁성 요배), 신사를 찾아 천황의 조상에게 참배하여야 했다. 일제는 야만적인 폭력을 내세워 내선일체 정책을 추진하였다. 아주 미미한 항일 활동도 가혹하게 처벌하였으며, 단체를 만들거나 의사를 표현할 수 있는 최소한의 기본권조차 부정하였다. 지금도 일부 우익 인사들은 궁성요배를 행하기도 한다.
072 이는 조선총독부가 1939년 11월 제령 제19호로 조선민사령(朝鮮民事令)을 개정하여 1940년 2월부터 이를 시행하게 한 것이다.

미나미는 1940년 8월 10까지 완료하라는 창씨제도를 위해서 각도의 지사회의, 참여관회의, 내부부장회의, 경찰부장회의, 전조선군수회의 등을 연달아 소집 강제하였다. 총독부 경찰국, 13도 경찰부, 258개의 지방경찰서 및 2,943개의 파출소, 주재소와 일선 군, 면의 독려 감시로 강행하였다.[73]

그 내용은 첫째, 조선인의 성명제(姓名制)를 폐지하고 성씨(姓氏)의 칭호를 사용할 것, 둘째, 서양자(養子: 데릴사위)를 인정하되 양자는 양가의 씨에 따를 것.[74] 셋째, 타인의 양자를 인정하되 양자는 양가의 씨를 따를 것 등이다. 이중 중심이 되는 것이 씨설정(氏設定)으로 이것이 바로 창씨개명이다. 총독부는 창씨개명이 조선인들의 희망에 의해 실시하는 것으로 일본식 성씨의 설정을 강제하는 것이 아니라 단지 일본식 성씨를 정할 수 있는 길을 열어놓은 것이라고 주장했다. 그러나 조선인의 희망에 따라 실시하게 되었다는 창씨개명은 6개월 동안 창씨계출(創氏屆出) 신고를 하도록 되어 있었는데 3개월 동안의 계출 호수는 7.6%에 불과했다. 이에 총독부는 법의 수정, 유명인의 이용, 권력기구를 동원한 강제 등을 통해 마감인 8월까지 창씨비율을 79.3%로 끌

---

073 임종국, 『해방전후사의 인식』(도서출판 한길사, 1993) 참조.
074 다른 성씨를 양자로 인정하지 않았던 재래 한국의 관습을 부인함으로써 우선 씨족관념과 나아가서 민족의식을 마비시킨다는 실질적인 이득이 있었다.

어울렸다.

창씨를 하지 않은 사람들에게는 다음과 같은 불이익이 가해졌다. 첫째, 자녀에 대해서는 각 급 학교의 입학과 진학을 거부한다. 둘째, 아동들을 이유 없이 질책·구타하여 아동들의 애원으로 부모들의 창씨를 강제한다. 셋째, 공·사 기관에 채용하지 않으며 현직자도 점차 해고조치를 취한다. 넷째, 행정기관에서 다루는 모든 민원사무를 취급하지 않는다. 다섯째, 창씨하지 않은 사람은 비국민·불령선인[75]으로 단정하여 경찰수첩에 기입해서 사찰을 철저히 한다. 여섯째, 우선적인 노무징용 대상자로 지명한다. 일곱째, 식량 및 물자의 배급대상에서 제외한다. 여덟

---

075 불령선인(不逞鮮人, 후테이센진)은 일본 제국이 일제 강점기 식민지통치에 반대하는 조선인을 불온하고 불량한 인물로 지칭한 용어이다. 일본어의 후테이(不逞)는 멋대로 행동함, 도의에 따르지 않음 등의 의미를 가지고 있다. 센진(鮮人)이란 용어는 조선인을 의미하는 조센진의 약어(略語)이다. 조센진이 원래 경멸의 의미가 없는 데 반하여, 약칭(略稱)은 경멸적이라는 인식이 일반적으로, 현재 일본에서는 차별용어로 정해져 있다. 일반형은 센징, 여성을 지칭할 때는 센조(鮮女)라는 용어도 사용되었다. 사용한 예로, 일본 총독부의 기록에 "3.1운동 이후 불령선인들의 배일감정이 통제할 수 없이 깊어졌다"는 말이 자주 등장한다. 만주, 간도지방의 독립군 활동 이후에는 "간도지역 불령선인 초토계획"이 수립되어 군 병력이 투입되었다. 간토 대지진시의 조선인 학살사건 때의 조선인 폭동조작 때에도 이른바 "조선인 폭도"를 "불령선인"으로 표현하였다. 이 밖에 천황이나 식민지통치에 대한 험담에서 사회주의 사상혐의 등 광범위한 반체제 인사들에게 불령선인의 딱지가 붙었다. 불령선인의 용어는 이후 일제의 기만적인 용어 사용에 대한 반항 및 조롱의 형태로, 독립운동 인사들이 스스로 자칭하기도 하였다. 박열은 《불령선인》이라는 제목의 잡지를 출간하기도 하였다.

째, 철도 수송화물의 명패에 조선인의 이름이 쓰인 것은 취급하지 않는다. 이러한 창씨개명의 강요를 거부하고 자결한 사람도 있었으며, 부당함을 비방하다가 구속된 사람도 많았다.[76]

이 일로 이재봉 목사는 미창덕신(米倉德信)으로 바꿔 사용하였고, 그 외에 많은 교인들이 창씨개명을 하게 되는 비극이 벌어졌다. 이재봉은 이름이야 일본식으로 부른다 해서 일본인이 되는 것이 아니라는 생각이 있었다. 이재봉 목사를 비롯해서 장로들과 교인들이 창씨개명을 하였다. 그러나 그는 창씨개명을 하지 않았다. 이는 결코 쉬운 일이 아니었다. 이 일로 그가 짊어질 불이익은 가늠하기 어려웠다. 창씨개명은 황등교회 담임목사와 장로들도 하였고, 동련교회의 담임목사와 장로들도 하였다. 심지어 그를 황등에 오게 한 백낙규 장로도 하였다. 그럼에도 그는 창씨개명을 거부하였다.

이는 그가 가슴 깊이 품고 있는 민족적 자존심이었다. 그의 장남과 차남도 창씨개명을 교묘하게 피해갔다. 계일승은 이름을

---

76 강만길, 『고쳐 쓴 한국현대사』(창비, 1994), 122쪽; 창씨제도 비방으로 구류 받은 경우는 허다하였고, 징역형과 자살자도 있었다. 충남 대덕의 이기용은 8개월 징역형, 충주의 김한규는 1년 징역형, 전남 곡성의 류건영은 미나미에게 창씨제 반대 항의서를 보내고 58세에 자살, 전북 고창의 설진영은 창씨에 불응하면 자녀를 퇴학시키겠다는 바람에 결국은 창씨개명해서 아이를 학교에 보내고, 자신은 조상에게 사죄하기 위해서 돌을 안고 우물에 뛰어들었다. 임종국, 위의 책 참조.

바꿔 '승일'로 하였고, 계이승도 이름을 바꿔 '승이'로 하였다. 그가 창씨개명을 거부한 일은 의미가 깊다. 그는 신사참배를 하였고, 일제에 협력하기도 하였다. 그런 그가 굳이 이제 와서 창씨개명을 안 할 이유가 있을까? 처음부터 단호하게 일제에 거부하지 않다가 창씨개명만은 하지 않은 것이다. 그는 왜 그랬을까? 그가 신사참배를 하고, 일제에 협력한 것은 자신의 이익을 위해서가 아니라 교회가 살아남도록 하려는 것이었다. 그는 분명 잘못된 일들임을 알았지만 교회를 위해서는 어쩔 수 없는 일들이라고 여겼다.

그가 신사참배를 한 일은 주의 깊게 살펴볼 수 있는 의미가 있는 사건이었다. 그는 황등교회 강성주 전도사와 교인들을 지키려고 오일봉 장로를 찾아 갔고, 뜻을 모았다. 그와 오일봉은 강성주 전도사와 교인들을 보호하기 위해 둘이서 십자가를 지기로 작정하였다. 신앙의 양심으로 신사참배가 잘못된 일로 지옥에 갈 정도로 큰 죄악임을 알았다. 그럼에도 그는 오일봉을 설득하였다. 그 내용은 그와 오일봉이 교회 대표로 신사참배를 해서 강성주 전도사와 교인들을 보호하려는 것이었다. 그의 숭고한 뜻은 일제의 강압으로 교회 전체가 신사참배를 할 수 밖에 없게 되어 빛을 발할 수 없었지만 이런 그와 오일봉의 자세는 주목할 만한 일이었다.

 작은 불꽃, 기성 계원식의 삶과 신앙

그는 이런저런 일들로 일제에 협력한 것이 사실이다. 그러나 그가 그런 일들로 일제로부터 상을 받았다거나 사회적인 지위에 올랐다거나 경제적인 이익을 얻었다는 기록이 없다. 오히려 그의 아들 계일승과 교회 청년들이 일본 지주의 만행을 폭로하는 연극을 펼쳐 이리경찰서에 끌려가 고초를 겪기도 하였다. 신사참배와 일제에 협력을 하지 않으면 교회가 위협을 받는다. 그러나 창씨개명은 교회가 하는 것이 아니라 개인이 하는 것이다. 그것을 거부하면 교회에 불이익이 아니라 개인이 불이익을 당한다. 그래서 그는 창씨개명을 거부하였다. 그로 인해 그 어떤 불이익이 주어져도 마다하지 않으려 한 것이다. 그의 창씨개명 거부는 분명히 역사적인 의미로서 평가해 볼 수 있는 일이다.

이재봉은 황등교회와 다송교회를 오고가면서 성실히 교회를 섬겼지만 일제의 탄압으로 교회의 부흥은 쉽지 않았고, 그저 교회가 살아남는 것만이라도 다행인 현실이었다. 이재봉은 두 교회를 오고가는 힘든 목회생활이었지만 교회를 보존하기 위해 특단의 대책을 제시하였다. 그것은 일제의 탄압 속에서도 제직[77]만이라도 신앙적으로 굳건히 서서 극복하는 방안이었다. 이를 위해 제직기도회를 제안해서 추진하였다. 이를 교인들에게 잘

---

77 교회의 장로와 권사와 집사직분자를 말한다.

설명하고 이해를 구해 그들 스스로 자원해서 담당자들이 배정되도록 하였다.[78] 이는 이재봉은 그루터기를 남기려는 뜻이었다.

일제의 강요에 따라 1941년 6월 6일에 군산노회가 주관하는 시국강연회가 개최되었고, 황등면에서도 중·일전쟁 4주년 기념식에 대한 공문을 일본어로 작성해서 각부락 연맹위원회 이사장, 이장, 구장, 관공서장 앞으로 실시하도록 하달되었다. 1941년 6월 26일 군산노회국민총력연맹 이사장의 명의로 중·일전쟁 4주년 기념행사를 각 교회가 행하도록 지시한 일도 있었다. 1937년 7월 7일은 중·일전쟁이 일어난 해였으며, 이 일로 중국 땅 전체가 일본군의 침략으로 온 땅이 초토화되었다. 이 일로 중국도 자신들의 땅을 지키기 위해서 안간힘을 기울여 일본군과 곳곳에서 대처하게 되었고, 일본은 일본 제국 군인들의 사기를 진작시켜야 한다면서 노회 명의로 각 교회에 공문을 보낸 일이 있었다. 그래서 7월 7일 중·일전쟁 4주년을 맞이해서 다음과 같은 일을 실행하도록 강요하고 나섰다.

첫째, 모든 집에서는 국기를 게양할 것.
둘째, 모든 사람은 정오에는 사이렌에 맞추어 각자의 자리에

---

078 김수진, 『황등교회 60년사』, 115쪽.

서 1분간 침묵의 기도(黙禱)로 국위선양과 병출전장병의 무운과 호국의 영령에 대한 감사의 뜻을 천지신명께 기도할 것.

셋째, 전쟁터에 나간 순국한 군인의 유가족을 위문하고 출정장병에 대한 위문 글을 보내는 것을 강구할 것.[79]

7월 7일은 황등교회가 전북노회의 허락을 받아 교회가 정식으로 동련교회로부터 분립되어 정식으로 교회로서 창립된 창립 기념주일 시기와 겹친다. 교회의 창립을 기념하면서 신앙적 다짐을 해야 하는 때에 일본이 일으킨 전쟁을 위해 무운을 빌고 전장의 승리를 위해 충성을 다짐하고 그 증명을 펼치라고 하니 통탄할 일이었다. 그는 교회 장로로서 피하고 싶은 일들의 연속이었다.

일제는 채식주의를 권장해서 금주(禁酒)와 금연(禁煙)도 실시했으며, 폐품을 수집해서 저축운동에 힘을 쓰게 하였다. 향락에 대한 행위는 일절 금하는 일까지 있었다. 황등교회는 7월 7일 중·일전쟁 4주년을 맞이해서 하루의 한 끼 식사 값을 절약해서 국방헌금을 하기로 결정하고 이를 실시한 일이 있었고, 황등교회가 정식으로 일본이 일으켰던 전쟁을 성전(聖戰)[80]으로 인정

---

079 『군산노회발송』(소화 16년 6월 26일) "군산노회 국민총력연맹위원장 발 공문" 참조, 김수진, 『황등교회 60년사』, 110쪽에서 재인용.

하고 이를 위해서 헌금을 실시한 일도 있었다.[81]

　　일제는 전쟁 자원 조달로 어려운 처지에 있을 때 한국인들이 스스로 놋과 그릇을 바치는 운동(鍮器獻納)을 전개한다고 하였지만 실제로는 강요성을 띠었다. 이 일에 교회를 이용하고 강요하였다. 조상 대대로 물려온 물건이나 평생 한번 하는 결혼식 때 준비해온 패물과 소중히 간직하고 사용한 식기류를 강제로 헌납하게 되었다. 이 일로 교인들은 구역별로 각 가정마다 다니면서 식기(食器)를 비롯해서 세면기, 양변기, 주발, 대접, 숟가락, 젓가락, 화로 등을 수집하였다. 교회는 이 일에 협력했던 교인 명단을 작성하여 노회장에게 공문을 보내야만하였다. 이 공문은 1941년 8월 29일 국민총력황등기독교연맹[82] 이사장인 그의

80　일본은 자신들이 일으킨 만주사변에 이은 중·일전쟁을 일본 천황의 명령에 따른 전쟁이니 이를 거룩한 전쟁이라고 하였다.

81　"임시 제직회시에 성전 4주년 기념일에 국방헌금으로 25원 50전을 본면 주재소에 헌납하다."『황등교회제직회록』제1권, 147쪽, 김수진, 『황등교회 60년사』, 116쪽에서 재인용.

82　국민정신총동원 조선연맹은 1937년 7월 7일 중·일전쟁을 일으킨 일본이 전시상황에 국민이 후방에서 군에 봉사를 해야 한다는 시국강연을 주도하자 친일성향을 띤 단체와 개인의 국방헌금, 황군위문방문 등으로 현지군인의 작전에 지장을 주는 경우도 생기게 되었다. 이런 무분별한 활동을 조정하기 위해 총독부의 주관으로 따로따로 행동하는 각종 사회단체와 종교단체 그리고 민중전체를 연맹원으로 하는 단체를 조직하였다. 1938년 6월 22일 부민관에서 59개 단체 및 개인 56명이 참가한 발기인대회를 개최하고, 1938년 7월 7일(중·일전쟁 1주년) 경성운동장에서 열린 발회식은 윤치호의 '천황 폐하 만세3창'으로 식순을 마치고 '애국시가행진'으로 활동을 시작한다. 그

이름으로 발송하였다.[83] 이때 58명이 헌납하였으며, 104점으로 12관에 해당되는 물품을 경찰서장에게 전달하였다.[84] 이 당시는 집에서 사용하는 놋그릇까지 무기제작용으로 강제로 헌납해야만 하는 상황이었다. 이는 동련교회도 마찬가지였다.

헌금과 유기 104점을 이리경찰서에 헌납하였다. 우리 교회 당회에서도 이것을 결의하여 제직회에 넘겼다. 얼마를 헌납했는지 그 액수는 기록에 없다. 교인들의 집에 있던 모든 쇠붙이란 쇠붙이는 다 걷어가고 어린아이들은 수업도 중단시키고 산에 올라가 솔가지를 따는 노력동원으로 내몰았다. 젊은 청년들은 징용이나 징병으로 끌려 나가고, 심지어는 교회의 종까지도 떼어갔다.[85]

일제는 자신들이 일으킨 전쟁을 미화하면서 식민지에 놓여 있는 교회들로 하여금 이 일에 적극 참여하도록 유도할 뿐만 아니라 하나님의 이름으로 멋대로 성경을 해석하고 나서기도 하였

후 지역의 원활한 관리를 위하여 13도에 지역연맹을 결성하고(이화여대 총장을 지낸 김활란은 경성연맹 상담역) 1940년 10월 16일 '국민총력 조선연맹(총력연맹)'으로 기구 개편을 하기에 이른다. 이 하부 조직이 황등에도 있었고, 그 이사장이 교회 신자 대표인 그였다.
083 김수진, 『황등교회 60년사』, 130쪽.
084 김수진, 『황등교회 60년사』, 473쪽.
085 연규홍, 『예수꾼의 뚝심-동련교회 90년사』(동련교회역사편찬위원회, 1992), 85쪽.

다. 황등교회는 1941년 11월 10일에는 애국기(愛國機) 헌납금이라 하여 257명이 참여하여 258원을 헌금하였으며, 이에 헌금에 참여했던 257명의 교인명단을 작성하여 노회장 앞으로 보고 한 일도 있었다.[86]

일본은 전쟁준비를 위한 물자절약의 차원에서 주일예배순서지 발행을 중지시켰으며, 교회에 적의 비행기 공격을 대비하는 물품으로 방공(防空) 준비기구품을 시설하는 일까지 강요하였다. 또한 식기 그릇까지 빼앗아 간 일본은 태평양전쟁을 일으킬 목적으로 전국 교회로 하여금 비행기 제작을 위한 헌금을 하도록 시달하여 결국 황등교회도 이 일에 참여하지 않을 수 없었다. 이 비행기 제작을 위한 헌금은 장로회총회가 결의하고, 또한 노회들이 결의하고, 이에 의해서 개별 교회까지 시달되게 되었다.

1941년 12월 20일 당회가 그의 집에서 미창덕신 목사의 주재 하에 그와 길전무일(오일봉), 김본중광(김희갑)이 참여하여 열렸다. 황등교회당 내에 "대동아성전필승기원"간판을 부착하기로 하였고, 매월 첫 수요일은 "필승기원 기도회"로 바꾸기로 의결하였다. 1942년 3월 4일 동련교회와 연합하여 "필승기원기도

---

[86] 황등교회 당회장으로 창씨개명을 한 이재봉 목사의 이름인 미창덕신의 명으로 군산노회장에게 발송하였다. 『황등교회 제직회회의록』 제1권, 160쪽, 김수진, 『황등교회 60년사』, 116쪽에서 재인용.

회"를 실시하였다. 1942년 4월 29일에는 황등신사에 참배하였다. 5월 9일 국어(일본어) 보급을 위해 야학당을 개설하였다. 6월 22일에는 김판봉이 군속(軍屬)으로 입대하였다. 8월 20일에는 군위문금 108원 헌납에 관한 일로 일본 육군대장 동조영기로부터 감사장이 수여되었다. 9월 11일에는 교회의 종과 종탑의 철제를 헌납하였다.[87] 10월 8일에는 이리경찰서 고등계 형사가 방문하여 그와 함께 좌담회를 실시하였다. 1943년 5월 30일에는 교회 각종 회의록을 일본어로 작성하고 당회장 제도를 주관자로 바꾸었다. 6월 11일에는 이리제일교회에서 열린 일본의 적국인 연합국에 대한 적개심 앙양 강연회에 참가하였다. 6월 13일 교회일지도 일본어로 기록하게 되었다. 7월 3일 태전소장(太田小將)의 시국강연회가 이리중앙교회에서 개최되었을 때 참가하였다. 8월 1일 징병제 실시 감사 및 필승기원예배를 거행하였다. 11월 14일 육군특별 지원병 격려 예배가 거행되었다. 12월 12일에는 30원을 애국기 헌납금으로 바쳤다. 1944년 5월 28일 사이판섬 황국옥쇄 대한 국방헌금 108원 7전을 보냈다. 1945년 4월 8일 필승신념기독신자 총궐기대회에 참가하였다.[88]

---

087 『황등교회 당회록』 제1권, 92쪽에 보면 "이 종은 총 중량이 16관 320돈, 종탑 철은 21관 240던이었다," 김수진, 『황등교회 60년사』, 131쪽에서 재인용.
088 김수진, 『황등교회사』, 472-475쪽 참조.

일본은 중·일전쟁을 일으키더니 또 다시 미국을 상대로 해서 태평양전쟁을 일으켰다. 1941년 12월 8일 새벽 미명에 일본 군부는 미국 및 영국에 대해서 선전포고를 하였다. 일본 군부는 세계를 제패할 능력도 없으면서 미국 해군기지였던 하와이 진주만을 공휴일인 주일 새벽에 일방적으로 공격을 하고나서 선전포고를 하였다. 그리고 일본 모든 방송들은 이날 오전 11시 45분 뉴스시간에 "대일본 제국의 천황은 영국과 미국에 대해서 선전포고를 하였다"고 방송하였다. 일본은 태평양 전쟁을 승리로 이끈 것처럼 계속 방송하였다. 전쟁을 일으킨 6개월간은 홍콩, 싱가포르, 마닐라, 프랑스 영토였던 인도네시아, 뉴기니아, 솔로몬의 여러 섬, 버마에서부터 동인도까지 쉽게 점령하고 나섰다. 그리고 일본기독교회 대표인 도미타(副田滿)는 전국 교회 앞으로 목회서신을 발송하였다.

우리 일본 국민이 된 기독교인들은 지금 선전의 의의를 양해하고 국가에 충성하며, 국토방위에 전력을 다할 것이며, 비상시국에 처해 있는 우리 기독교인들은 조국 정신계에 중대한 임무가 있으므로 각성하여 조국에 헌신하기를 바라나이다.[89]

---

089 김수진, 『한일교회의 역사』(대한기독교서회, 1989), 155쪽.

일본은 철저하게 태평양전쟁을 성전(聖戰)으로 승리해야 한다는 의식을 넣어주기 위해서 교회마다 당회장으로 하여금 시국에 대한 인식을 철저하게 기하도록 교육을 시키고 있었다. 그래서 익산지역에 있는 교회 대표로서 그의 아들인 이리중앙교회 담임목사 계일승[90]과 황등교회 이재봉 목사가 평양장로회신학교에 가서 시국에 대한 교육을 받고 온 일이 있었다. 이 일로 익산군 내에 있는 모든 교인들이 1941년 12월 21일 오후 2시 30분에 시국강연회에 참석토록 각 교회에 공문을 발송한 일이 있었다.

개별 교회에 보내는 공문에는 일본이 일으켰던 태평양 전쟁

---

[90] 계일승은 1937년 6월 이리중앙교회 전도사로 부임하였다. 1938년 6월 이리중앙교회 담임목사가 되었다. 1942년 1월 일본제국주의의 종교탄압 정책으로 구역기도회가 폐지되고 성종(聖鐘)은 군수품으로 강제 공출을 당하였다. 1943년 5월 일제의 종교정책의 일환으로 조선예수교장로회는 일본기독교 조선장로교단으로 개편됨에 따라 이리중앙교회는 위 교단 전북교구회 이리중앙교회로 간판을 붙이게 되었다. 1943년 9월 탄압이 점차 심해져서 일체 밤 예배를 못 드리게 되었다. 1944년 2월 일제의 종교탄압정책에 의하여 이리중앙교회와 이리제일교회가 강제 합병되어 교회명칭도 이리교회로 명명하고 이리중앙교회에서 함께 예배드리게 되었다. 1944년 3월 계일승 목사는 강제로 추방되고 일본기독교 조선장로교단 명령으로 이상귀 목사가 부임하였다. 『이리중앙교회 홈페이지』, 「인터넷역사관」; 계일승은 황등교회 이재봉 담임목사가 군산동부교회로 부임(1943년 10월 31일)하게 되어, 담임목사가 공석인 황등교회에 1944년 4월 16일 담임목사로 부임하였다. 계일승은 이리중앙교회와 황등교회 담임목사로 일제강점기의 가장 극심한 탄압의 시기에 두 교회를 섬기면서 말할 수 없는 고난을 겪어야만 하였다.

을 "대동아성전(大東亞聖戰)"으로 인식하고 이 전쟁에 모든 기독교인들이 황국신민으로 의무를 다해야 한다는 내용이었다. 이 일은 익산군내에 있는 연합집회로 끝나지 않고, 개별 교회로 이어졌다. 황등교회에서도 일본인 강사로 마쓰야마(松山淸), 미소구찌(淸口勇), 가끼야마(桓山三代治)와 미창덕신[91] 목사 등이 강연을 하였다. 도미타는 철저하게 일본식 기독교로서 천황을 절대우상으로 섬기면서 기독교 본래의 본질을 망각해가고 있었다. 이 일로 대다수의 한국교회는 성탄절 행사를 생략하는 교회가 많아졌으며, 황등교회에서도 일본 기독교의 흐름에 따라 간소화한 성탄절 행사를 할 수밖에 없었다.[92]

황등면 주재소는 당시로서는 대단한 권력기관에 있었던 지서였으며, 이 지서에 위문금으로 전달했다는 사실은 바로 권력에 의해 마지못해서 했던 일로 여겨진다. 그런가 하면 전국 교회학교연합회는 아예 성탄절 행사를 중지토록 공문을 하달했으며, 그 대신 예수의 탄생을 기해서 특별헌금을 실시해서 국방을 위한 헌금으로 쓰도록 하였다. 그리고 매일 정오(正午)가 되면 사

---

091 이재봉 담임목사가 창씨개명(創氏改名)한 이름이다.
092 "성탄축하를 절약하여 위문대로 108원을 본면 주재소를 통해서 해군에 헌납하기로 가결하다." 『황등교회 제직회회의록』 제1권, 167쪽, 김수진, 『황등교회 60년사』, 119쪽에서 재인용.

이랜을 울려서 성전(聖戰)에 참여하는 전몰장병(戰歿將兵)을 위하여 무운장구(武運長久)를 비는 묵도(黙禱)가 행해졌으며, 이 무운장구는 철저하게 천황의 군대로 모든 국민의 머릿속 깊이 새겨져 있게 되었다.

1943년 5월 7일 조선야소교장로회 총회가 해산되고 일본기독교조선장로교단이 출범하면서 지역 교회까지 간판을 바꾸도록 명령을 내렸다. 이러한 일로 황등교회도 '일본기독교조선장로교단 황등교회'로 간판이 바뀌었다. 또한 당회록 등의 문서도 일본어로 쓰게 하였다. 일본어를 국어로 사용하면서부터 교회 내에 대부분의 여자교인들은 어려움을 느끼게 되었다. 당회에서는 이들의 일본어 해독을 위해서 부인야학당을 설립 운영키로 하였다. 일본은 젊은 청년학도들을 일본 전쟁의 총알받이로 전선으로 끌고 갔다.

일제는 각 지역마다 한 개의 교회만 허락하고 모두 통폐합해 버렸다. 이 일로 1944년 4월 3일 황등 지역에도 황등교회와 동련교회가 통폐합되었다. 황등교회와 동련교회가 통폐합되면서부터 '당회'란 말을 사용하지 못하고 '장로회'란 말로 표현되었으며, '당회장'도 '의장'으로 불러야만 하였다. 이렇게 동련교회와 황등교회가 통폐합될 정도로 일제의 탄압은 심화되어 갔다. 더욱이 두 교회가 통폐합하는 일은 스스로 결정한 일이 아니었는데 이

를 기념해서 국방헌금으로 50원을 헌납해야만 하는 일도 있었
다. 통폐합된 황등교회는 일제의 강압으로 모든 예배를 일주일
에 1회로 제한해서 운영할 수밖에 없었다. 주일 오전에 예배를
마치고, 오후에는 노력봉사에 참여토록 강요받았다. 1945년 6월
17일부터는 주일예배를 밤으로 실시했던 일도 있었다.

또한 일제는 수많은 젊은 청년들을 탄광으로 또 남양군도지
방으로 끌어갔다. 당시 황등교회 청년 노상열은 일본으로, 이창
호는 마산으로, 김한석과 장흥갑과 김판봉은 군속(軍屬)으로 끌
려갔다. 이들은 남양군도로 끌려갔으며, 해방 후에 모두 귀국하
였다. 1944년 9월 14일에 전북에서만도 6천명이 징용으로 끌려
갈 때 각 역마다, 도시마다 대대적인 환송회를 가졌다. 이때 황
등교회 관악대도 일제의 억압에 못 이겨 동원되어 이들을 보내
는 환송회에서 연주를 했다.

당시 황등교회 청년들은 징용으로 또 지원병으로 끌려가는
것이 두려워서 황등우체국에 근무하고 있던 옥판석을 통해서 봉
기성, 전기년, 김영일, 조금동 등이 우체국의 보험 수금 임시직
원으로 취직해서 징용을 면할 수 있었다. 당시 황등 우체국장으
로 있던 일본인 후꾸다(福田安次郎)는 정직한 사람으로 황등 지
역 청년들에게 전쟁의 실상을 바르게 일러 주었다. 그것은 일본
이 전쟁에서 이길 수 없다는 말이었다. 이 말을 들었던 임시직원

들은 혹시나 자신들에게도 징용장이 발부될지 모른다는 두려움
으로 그 길로 도피생활을 하면서 일본의 패망을 기다렸고 살아
남을 수 있었다.

평신도지도력 활성화 교회로

황등교회는 일제의 탄압이 가중되는 상황에서 담임목사마저 없었다. 부득이 동련교회에서 설교 목사로 이리시내에서 왕래했던 양윤묵 목사가 동련교회와 황등교회의 임시당회장을 맡았고, 성찬식을 베풀 때만 황등교회에 방문하여 당회를 주관하였다. 그는 교회 초대장로로서 담임목사가 없는 상황이었지만 나름대로 교인들의 신앙적 역량을 축적해 왔기에 이를 자체에서 해결해나가는 저력(底力)을 발휘할 수 있었다. 그는 동료 장로들과 함께 자체적인 기준을 설정해서 예배를 주관해나갔다. 주일 오전 예배, 주일 오후 예배, 또 4일 예배[93] 담당자를 미리 배정하고 예배를 인도할 수 있도록 하였다. 예배를 담당할 장로와 집사들에게는 설교가 무엇인가를 간단하게 안내를 하기도 하였다. 그 내용은 "성경으로 완전한 기초를 세우고, 죄에서 구원하는 주의로, 인심을 감동시키도록, 법칙이 분명한가"였다.[94]

설교에 대해서 신학적 배경이 없는 교인들이 잘못을 범하게 되면 교회 내에 큰 오류를 범할 수 있기에 설교의 기준도 설정하였다. 성경에 기초를 두고 설교하기 위해, 성경본문을 위주로 설교를 해야 한다는 몇 가지 방법을 제시하였다. 그 내용은 다음과 같았다. 본문을 수십 차례 깊이 있게 읽고 관련된 자료를 대조해서 볼 것, 성령님의 지시를 간구하는 기도를 할 것, 제목이 본문에 적당하도록 할 것, 대지와 소지가 분명하게 구분되는 체계를 갖출 것, 알아듣기 쉬운 말로 할 것, 청중의 실제생활과

---

[93] 4일 예배는 목요일 밤 기도회를 말한다. 황등교회는 1921년 10월 13일 황등 기성의원에서 4일 기도회로 시작한 교회로 모여서 기도하는 일을 중요하게 여긴 교회의 전통이 있다. 4일 예배는 이 당시는 목회자가 부족하여 목회자들이 여러 교회를 담임하고 있었기 때문에 1928년까지의 목요일 밤 기도회를 실시하다가 1930년부터는 수요일 밤 예배를 진행하였다. 김수진, 『황등교회 60년사』, 123쪽.
[94] 『황등교회 인도규칙』(1939년도) 참조를 김수진, 『황등교회 60년사』, 123쪽에서 재인용; 이 내용은 누가 작성한 것인지를 알 수 없지만 나름 규칙을 정해서 목회자 대신 예배가 지속되게 한 것은 놀라운 일이다.

관련지을 것, 열심히 설명하다가 결말이 모호할 수 있으니 결말은 설교 전체를 간단히 총괄할 것.[95]

이상의 원칙을 두고 설교를 한 황등교회 교인들은 그를 비롯해서 김희갑 장로, 오일봉 장로, 변영수 집사, 그의 차남인 계이승 집사, 강성주 전도사가 순서를 정해서 진행하였다. 강성주 전도사는 비록 황등교회 전도사였지만 동련교회 그리고 그 외에 목회자가 없는 교회에 가서 자주 설교를 해야 했기 때문에 황등교회를 전담해서 설교를 할 수 없었다. 또한 4일 예배는 주로 집사들이 중심해서 예배를 인도하였다. 이에는 노준기, 박인석, 최영식, 김삼록, 최기장 집사 등이 있었다. 그는 극심한 일제의 탄압에 교회가 유지되려면 교회가 화합해서 운영되어야한다는 확신을 가지고 있었다. 그는 학식이나 재력은 물론 최고연장자였고 교회 설립의 주역이었지만 당회나 제직회에서 가급적 말을 아꼈다.

1940년 7월 28일 주일부터 12월 5일 주일까지는 윤번제(輪番制)로 예배를 인도하도록 하였다. 이때 담당 순서로 오전 예배는 강성주 전도사를 비롯해서 그와 김희갑 장로와 오일봉 장로와

---

95 『황등교회 인도규칙』(1939년도) 참조, 김수진, 『황등교회 60년사』, 123쪽에서 재인용.

 작은 불꽃, 기성 계원식의 삶과 신앙

변영수 집사와 계이승 집사 등이었다. 오후 예배는 장인수 집사, 김창무 집사, 박인석 집사, 임시혁 집사였다. 3일기도회(수요일 밤 기도회)는 전종진 집사 등 여러 교인들이 예배를 인도하다보니 기도로 준비하고 성경을 읽고 묵상하고 서로 전할 말씀을 협의하면서 신앙도 깊어졌다.

그는 기성의원에서 기도회와 교회학교 교육을 한 것처럼 교회가 이 두 가지를 핵심기둥으로 삼아야함을 강조하였다. 그는 동로 장로들과 함께 교회 일꾼들은 제직들이 든든히 서 가도록 기도훈련과 성경공부를 시켰다. 이는 일제의 탄압이 가속화 되는 현실에 굳건한 믿음이 아니면 교회를 지킬 수 없다고 판단한 이유에서였다. 이런 이유로 성경을 가르칠 수 있는 장년교회학교가 아주 활발하게 진행되었다. 이런 분위기로 인해 이재봉 목사는 부임하자마자 장년부 교사들을 매주 토요일 밤마다 가르쳤다. 그는 교육이 실제화 되고 평신도 조직이 실질적으로 활성화 되도록 하는 방안으로 각 구역에서 교인들의 실제적인 신앙과 삶을 실질적으로 관리하는 권찰(勸察)[96] 조직을 잘 관리하도록

---

[96] 황등교회는 구역 조직이 체계적으로 편재되어 있었고 이들 구역은 구역을 관장하는 장로나 집사들도 그 역할을 충실히 해냈지만 여자교인들로 임명된 권찰들의 역할이 컸다. 권찰은 대개 젊은 여자 교인들로 임명되는데 이들은 교인들의 가정 구석구석까지 파악하면서 가정의 대소사를 챙겼다. 황등교회는 권찰교육을 철저히 하고, 그들이 지킬 강령과 규칙을 가르쳤다. 김수진

하였다. 당회에서는 권찰 준수사항을 만들어서 모든 권찰들에게 나누어 주고 또한 교육을 시키기도 하였다. 그 당시 황등교회 당회가 만든 권찰 7개의 강령과 6개의 규칙을 보면, 매우 체계적이고 실제적임을 알 수 있다.

강령

1. 항상 자기를 위하여 기도하고, 교역자를 위하여 기도하라[97]

2. 게으르지 말고 열심을 품어 주를 섬기라[98]

3. 성경 읽는 것과 권하는 것과 가르치는 것에 힘쓰라[99]

4. 이웃 사랑하기를 자기 몸과 같이 하라[100]

5. 즐거워하는 자로 함께 즐거워하고, 우는 자로 힘껏 울라[101]

은 권찰을 작은 목회자, 세포조직이라고 평가하였다. 김수진, 『황등교회 60년사』, 124쪽.

[97] 기도를 계속하고 기도에 감사함으로 깨어 있으라, 또한 우리를 위하여 기도하되 하나님이 전도할 문을 우리에게 열어 주사 그리스도의 비밀을 말하게 하시기를 구하라 내가 이 일 때문에 매임을 당하였노라(골로새서 4장 2-3절).

[98] 부지런하여 게으르지 말고 열심을 품고 주를 섬기라(로마서 12장 11절).

[99] 내가 이를 때까지 읽는 것과 권하는 것과 가르치는 것에 전념하라(디모데전서 4장 13절).

[100] 간음하지 말라, 살인하지 말라, 도둑질하지 말라, 탐내지 말라 한 것과 그 외에 다른 계명이 있을지라도 네 이웃을 네 자신과 같이 사랑하라 하신 그 말씀 가운데 다 들었느니라(로마서 13장 9절).

[101] 즐거워하는 자들과 함께 즐거워하고 우는 자들과 함께 울라(로마서 12장 15절).

6. 모든 사람 앞에서 선행을 베풀라[102]

7. 두루 사람들과 화목하라[103]

규칙

1. 각 권찰은 맡은 구역에서 6일마다 반드시 집집마다 심방하여 구역상황을 보고서에 기록할 것

2. 6일 심방할 때, 성경통신과 내용을 반드시 유의할 것

3. 주일 아침에 보고서와 수합한 성경통신과를 회장에게 접수할 것

4. 주일 오후에는 집안에 병환이나 장례가 발생한 가정을 다른 구역 권찰과 연합해서 심방할 것

5. 급한 일이 발생했을 때는 어느 때를 막론하고 곧바로 당회(堂會)에 보고할 것

6. 매일 정오(오전 12시)에 각 권찰은 자기 구역원을 위해서 기도할 것

---

102 아무에게도 악을 악으로 갚지 말고 모든 사람 앞에서 선한 일을 도모하라(로마서 12장 17절).
103 할 수 있거든 너희로서는 모든 사람과 더불어 화목하라(로마서 12장 18절).

　　권찰들의 활동은 놀라웠다. 이들의 강령과 규칙에서 잘 알 수 있듯이 각자 맡겨진 권찰의 임무수행이 일제의 무서운 탄압에서도 구역원을 열심히 돌봤던 관계로 황등교회가 든든히 서 갈 수 있었다. 황등교회는 지역교회를 위해 장소를 제공하고 봉사하는데 힘썼다. 군산동북지방 제1회 제직대사경회가 1935년 12월 1일 밤부터 8일 저녁까지 한 주간 개최되도록 하였다. 이때 제직사경회 강사로 강병주 목사가 담당하였고, 음악 강사로는 그의 차남인 계이승 집사가 담당하였다. 새벽기도회와 저녁 시간에 성경연구, 교회학교교육, 음악(찬송)교육이 펼쳐졌다. 이 행사는 종교시보사 옥구지국이 주최하고, 황등교회와 기독신보 이리지국이 후원하였다.[104] 1936년 8월 17일에는 군산동북지방 주최 사경회가 조신일 목사 초청으로 황등교회에서 열렸을 때는 각 가정에서 민박을 제공하기도 하였다.[105]

　　황등교회는 매년 부흥사경회를 개최하여 평신도 교육을 실시하였다. 부흥사경회는 오전에는 평신도를 대상으로 성경공부를 가르쳤고, 오후에는 교회학교 교사를 대상으로 교육하였다. 밤에는 대중 집회로 기존 교인은 물론 지역교인과 비신자들을

---

104 김수진, 『황등교회 60년사』, 92쪽.
105 김수진, 『황등교회 60년사』, 471쪽.

초청해서 전도 강연회를 개최하였다.[106] 황등교회는 1935년 6월 21일 오전예배후 11시에 황등교회당에서 제1회 교사양성과 졸업식을 거행하였다.[107] 1936년 6월 21일에는 제1회 교사양성과로 변영수가 수료하였다.[108] 1937년 7월 18일 총회교육부에서 실시한 통신과(신약부) 수료식이 거행되기도 하였다.[109] 황등교회는 초창기부터 농한기를 이용해서 전주성경학원에 1개월간 교육을 받게 하였다. 이는 미국 남장로교 선교부가 주재하고 있는 지역에서 '월성경학교'라는 형태로 진행된 것이었다. 이렇게 교육받은 이들은 돌아와서 교회학교 교사가 되고, 청년회원들이나 여전도회 회원들에게 전달교육을 실시하였다.[110] 1952년 1월 30일에는 익산월성경학원이 1개월간 신황등교회에서 모이기도 하였다. 이때 황등교회는 6.25전쟁 직후임에도 무려 40명이 참여하였다.[111]

---

106 김수진, "평신도 운동이 한국교회 성장에 미친 영향에 대한 연구-교회사적 측면에서", 아세아연합신학대와 미국 풀러신학교 《공동목회학박사학위논문》(1987년 8월), 258-259쪽 참조.
107 김수진, 『황등교회 60년사』, 92-93쪽 참조.
108 김수진, 『황등교회 60년사』, 471쪽.
109 김수진, 『황등교회 60년사』, 472쪽.
110 김수진, "평신도 운동이 한국교회 성장에 미친 영향에 대한 연구-교회사적 측면에서", 261쪽 참조.
111 김수진, 『황등교회 60년사』, 478쪽.

독서와 음악으로 내실을 다지는 교회로

그는 독서를 중요하게 여겼다. 그는 황등에 올 때 많은 신앙서적을 가져왔다. 그는 자신과 자신의 가족만 책을 읽으려고 하지 않았다. 처음 그가 자신의 기성의원을 기도처와 교회학교 교육 터로 내놓았고 자신과 가족이 이 일에 봉사함을 당연히 여긴 것처럼 그는 자신의 책을 누구든지 읽도록 하였다. 그는 자신의 서재를 개방해서 신앙서적이 새로 발간될 때마다 2권씩 구입하여 한 권은 자신이 보고, 다른 한 권은 기독청년면려회 회원들이 읽도록 배려하였다. 그가 제공한 책과 서재를 통해 청년들은 신앙과 교양을 스스로 쌓아갈 수 있었다. 청년들이 읽을 수 있는 책은 마치 신학대학 도서관을 방불케 할 정도로 종류가 다양했고, 도서의 깊이도 놀라웠다. 이 책들은 신학대에서 봄직한 조직신학 계통의 기독론, 성령론, 신론은 물론 목회자들이 보는 주석류를 비롯해서 평신도들의 신앙성숙을 돕는 책들도 있었고, 일반교양서적과 역사류도 있었다.[112]

1937년 3월 14일 새예배당이 신축되었다. 그는 예배당을 교육과 지역사회문화 프로그램을 진행할 공간으로서 예배당을 개방하였다. 이런 그의 생각은 전통적인 교회당 이해를 지닌 이들에게는 반발할 수 있는 것이다. 전통적으로 교회당은 기독교신앙인들이 예배하는 거룩한 곳이다. 그리고 교회의 본질적 사명은 복음을 전도하는 것이지 사회봉사를 하는 곳이 아니다. 따라서 교회공간을 사회봉사나 구제활동의 장소로 사용하는 것은 불가능할 뿐만 아니라 교회 고유한 사명이 아니라는 것이다.

이때 설치된 교회문고 위원으로 그는 변영수 장로와 함께 선임되어 도서를 관리하고 교회의 독서운동을 활성화해 나갔

---

112 김수진, "평신도 운동이 한국교회 성장에 미친 영향에 대한 연구-교회사적 측면에서", 248쪽.

다.[113] 이렇게 설치된 교회문고는 독서를 위한 서고도 되고 성경 공부도 하고 회의하는 장소로 쓰였다.[114] 여기에는 그가 기증한 도서가 씨앗이 되어 꾸준히 도서를 늘려, 1900년대부터 1940년 대까지 발행된 6백여 권이 소장되어 있을 정도였다. 이 시설을 활용해서 황등기독청년면려회는 야학당을 운영하기도 하였다. 이는 교인들과 지역민들 중에 가난과 무지로 글을 배울 수 있는 기회를 놓친 이들을 위해 성경을 읽고 찬송을 부를 수 있도록 하려는 의도였다. 교회는 문맹퇴치를 강조해서 한글을 모르면 세례를 주지 않을 정도였고, 황등교회 평신도들은 성경을 펴서 읽도록 훈련해서 비신자에게 전도가 가능하도록 하였다.[115] 그 가 기초를 다지고 체계를 갖춘 교회독서운동은 오늘날 황등교회 작은도서관으로 계승발전하였다.

황등 지역은 새로운 문명을 접하기 어려운 지역이었으나 그 가 황등에 터를 잡으면서 그와 그의 가족을 통해 평양과 만주를 간접적으로 접할 수 있었다. 또한 그의 집안을 통해 황등교회의 음악수준은 높았다. 황등교회는 창립 당시 농촌이었지만 교인들

---

113 김수진, 『황등교회 60년사』, 472쪽.
114 김재두와 만남(2016년 5월 22일 오후 3시 10분~4시 0분).
115 『황등교회 당회록』, 제1권, 9쪽, 김수진, "평신도 운동이 한국교회 성장에 미친 영향에 대한 연구-교회사적 측면에서", 248쪽에서 재인용, 김수진, 『황 등교회 60년사』, 69쪽.

의 음악수준은 놀라울 정도로 높았다. 그는 음악을 중요하게 여긴 사람이었다. 그런 이유로 그는 자녀들과 교인들에게 음악을 강조하였다. 그의 아내 이자희는 서울 정신여학교를 졸업한 사람으로 음악적 소양을 지녔고, 차남 계이승은 1927년 서울 배재고등보통학교를 졸업하고 군산 영명학교를 거쳐 1933년 일본 동경에 있는 동양음악학교에 진학하였다. 이 학교에서 음악을 터득하고 다시 2학기에는 제국음악학교 예과에서 한 학기를 음악에 대해서 연구하고 1934년 황등교회로 돌아와서 황등교회 음악을 위해서 헌신하였다. 계이승은 유년부와 장년부 교사와 음악부를 담당하면서 찬양대를 조직하였다.[116] 계이승이 작사작곡한 유년교회학교 교가가 지금도 황등교회에서 불리고 있다.

황등교회는 소년들에게 미래의 꿈을 심어주기 위해서 관악기를 구입하자는 운동이 일어났다. 1937년 4월 11일에 유년교회학교 헌금 70원을 기본 기금으로 하여 4인조 악기를 구입하려고 하였다. 이에 감동받은 교회학교 교사들과 청년들과 교인들이 도자란 부분에 대해서 헌금하겠다고 나서자 악기 구입은 별 어려움 없이 진행되었다. 이때 그도 최고액인 20원을 냈고, 그의 아내 이자희와 차남 계이승이 5원을 냈다.[117] 1937년경에는 황등

---

116 김수진, 『황등교회 60년사』, 307쪽.

교회에 관악부(밴드)를 조직하면서 일본 오사카(大阪)에 악기를 주문하여 구입하기도 하였다. 종류는 코넷, 트럼펫, 클라리넷, 트롬본, 앨터, 베이스, 대북, 소북으로 8인조 밴드였다. 요즘은 관악이 많지만 이 당시에는 처음 보는 꼬부랑 나팔 등으로 보는 사람마다 신기하게 여겼다. 이런 때에 계이승이 일본 동경에 있는 동경제국음악학교를 졸업하고 귀국했기 때문에 관악기 지도는 물론 찬양대 지휘자로 활동하게 되었다. 이때 이리 창열고아원 제1회 동정음악대회에서 황등교회 찬양대가 특별 출연하였다. 당시 포스터에는 "남성일류 악사 남녀 60여명 출연"이라는 내용이 담겨져 있었으며, 당시 이리좌(극장)에서 거행되었는데 전북에서 유일하게 참여한 교회가 황등교회였다. 이처럼 찬양대의 전통은 오늘날까지 이어져 오고 있다. 매년 성탄절과 부활절과 추수감사절과 같은 절기 예배에서 격조 높은 음악이 곁들여진 예배로 교회의 문화적 위상을 드높이고 있다.

관악기가 황등교회에 등장하게 된 배경은 예배에서 찬양을 돕고 전도에 유용한 도구로 활용하려는 목적으로 자연스럽게 만들어졌다. 이미 뿔 선교사는 부안지방의 전도를 위해서 음악에

---

117 『황등교회기』(1935~1942), 83쪽, 『황등교회제직회회의록』(1936~1942), 26쪽 참고, 김수진, 『황등교회 60년사』, 308쪽에서 재인용.

재질이 있는 청년들을 선발해서 12인조 악단으로 복음성가단이라는 명칭을 갖고 복음을 전도하였다. 이 악단은 뿔 선교사의 천막 전도에 큰 몫을 담당하게 하였다. 1942년 12월 12일 관악대가 조직되면서 초대 관악대장에 계이승이 임명되었다. 대원은 계이승, 변영수, 임시혁, 순병태, 최영식, 한상열, 김갑용, 김봉재, 김영일, 마종명, 장복길, 강신협, 임동혁, 오재현, 봉기성, 전기년, 안상용이 있었고 이웃 동련교회 오재현이 소질이 있어 같이 활동을 하여 18명이 함께하였다. 이들은 모두 계이승의 지도를 받으면서 찬양대도 돕고, 또 악기로 하나님께 영광을 돌리는 일에 열정적이었다. 이들의 열정적인 협력으로 황등교회의 찬양대는 관악대와 함께 발전해 갔다.

황등교회의 최초의 반주자는 그의 첫째 며느리인 안인호였다. 안인호는 평양 숭의여학교에서 중등과를 이수하고, 다시 유치원 교사가 되기 위해서 숭의여학교 보육과 2년을 이수하면서 반주를 체계적으로 배운 인재였다. 안인호의 반주실력은 뛰어났다. 안인호는 남편인 계일승이 평양장로회신학교로 유학을 떠나면서, 자신도 목포 정명여학교 교사로 부임하게 되었다. 안인호가 목포로 떠나면서 황등교회에는 반주자가 없게 되었다.[118] 그

---

118 김수진은 『황등교회 60년사』, 309쪽; 안인호가 계일승이 목사가 되어 이리중

러던 때에 평양 정의여학교를 졸업하고 만주 길림성에서 유치원 교사로 활동했던 김봉도가 군산 개복유치원 교사로 오게 되었다. 이런 김봉도는 계이승과 결혼하게 되면서 자연스럽게 황등교회 찬양대 반주자로 봉사하게 되었다. 안인호와 김봉도는 모두 여학교 시절부터 음악에 재질이 있어서 피아노 반주를 잘하는 신여성들이었다. 그의 두 며느리가 모두 교회 반주가 가능한 이들이고 교육받은 사람들인 것을 보면 그가 교회에서 음악이 갖는 중요성을 인식한 사람이었고, 음악을 중시하는 사람으로 여성 교육을 중시하는 사람이었음을 알 수 있다.

황등교회는 예배시간에 찬양대(讚揚隊)와 관악대(管樂隊)가 조화를 이루며 예배를 도왔다. 그러면서 관악대는 전도를 위한 봉사활동을 하였고, 외부 교회 집회를 돕기 위해서는 관악대와 찬양대가 같이 나가기도 하고, 따로 나가기도 하면서 교회의 음악적 역량을 발휘하였다. 황등교회 찬양대와 관악대는 자신들의 음악 실력을 향상하고 교인들의 문화적 공간을 통해서 정서

양교회에 부임하면서 안인호가 따라가면서 반주자가 없게 되었다고 하는데 계일승은 이리중앙교회에 목사가 아닌 담임전도사로 부임하였고, 안인호가 계일승과 함께 이리중앙교회로 간 것은 계일승이 이리중앙교회 담임전도사로 부임한 1937년 6월이었다. 정황상 그 이전인 안인호가 목포 정명여학교 교사로 떠나면서 황등교회에 반주자가 없게 된 것으로 보인다. 안인호가 1930년대에 교통도 불편할 때에 목포에서 황등까지 매주 오고가면서 반주를 하기는 어려웠을 것이다.

분위기를 만들어 주기 위해서 "음악의 밤" 이라는 프로그램을 만들어 공연하기도 하였다.

해방 후 김구가 김제와 군산을 방문할 때는 김구를 환영하기 위해서 관악대가 그곳까지 가서 열렬하게 환영하는 나팔을 불었다, 그때 악대장(樂隊長)이 계이승이었다. 이승만이 이리 지방을 방문할 때도 관악대가 적극적으로 환영행사에 참여하면서, 이리 시내를 행진하기도 하였다. 이런 실력이 널리 알려져 이리 방송국에 자주 출연하기도 하였다.

미완의 해방, 회개가 없는 아쉬움

1945년 8.15해방은 우리 민족이 자력으로 쟁취한 것이 아니었다. 광복은 제2차 세계대전 중, 태평양전쟁에서 연합군이 일제를 패배시키고 승리한 결과로 주어진 것이었다. 8.15광복과 더불어 한국 교회는 철저한 회개와 죄 용서를 통해 새롭게 시작해야 하였다. 한국교회 또한 일제가 강요한 신사참배로 신앙이 유린(蹂躙)당하고, 교회가 무너진 죄를 뉘우치고 회개해야 하였다. 한국 교회의 예배는 일제의 천황을 향해 먼저 고개를 조아리고 나서 시작되었다. 이로써 싫든 좋든 간에 하나님보다 천황을 우선적으로 섬겼고, 이에 십계명 제1계명의 언약이 파기되었다. 교회가 일제의 태평양전쟁을 위해 강제 동원되었다. 교인들의 헌금이 군수물자와 무기구입을 위해 전해졌다. 가정의 놋그릇(鍮器)과 교회 종탑의 종을 떼어 전해지기도 하였다. 교인들의 기도는 일제의 전쟁 승리를 위해 비는 것이 되었고, 전국의 예배당 건물들이 매각처분 되었고, 국방헌금으로 전해졌다.

이처럼 일제에 타협하고 협력하면서 신앙의 지조를 지키지 못한 죄와 전쟁의 시녀 노릇을 한 것에 대해 철저하게 회개해야만 신앙의 회복과 교회재건의 씨앗이 뿌려지게 된다. 그러나 눈물의 회개는 성사되지 못하였다. 많은 교회 지도자들이 신사참배와 전쟁의 시녀 노릇을 한 것에 관하여 대충 두리뭉실 넘어가려 하였다. 심지어 어떤 이들은 교회를 지키려고 마음에도 없는 신사참배를 한 것으로 자기합리화를 하였고 이를 정당화하였다. 안타깝게도 그의 행적(行蹟)에서도 그가 일제강점기에 부득이한 경우였지만 일제에 순응하고 교회 대표로 일제에 협력한 것들에 대해 회개하거나 참회했다는 기록은 찾아보기 어렵다. 이는 황등교회도 마찬가지이다.

해방으로 암흑의 세계가 물러갔으니 일장기(日章旗)를 내리고 태극기(太極旗)를 내걸어야하였으나 황등에서 태극기를 갖고 있거나 정확한 형태를 아는 사람이 적었다. 이런 때에 동련교회 백낙규의 장남 백홍길은 해방된 다음날인 8월 16일 저녁 계동학교 국기게양대에 걸린 일장기를 내리고는 거기다가 태극을 그리고 4쾌를 그려 태극기로 고쳐, 태극기를 내걸었다. 백홍길은 자주 집을 나가 어디론가 나돌건 하는 사람이었다. 그 이유를 정확히는 알 수 없으나 백홍길이 항일운동과 관련된 일로 집을 나가곤 하였다. 그랬기에 백홍길은 태극기의 정확한 형태를 알고 있었다. 일본인들은 막강한 권력을 누리던 특권계급에서 목숨을 부지하기 어려운 처지가 되고 말았다. 이제 황등 지역 곳곳에 일장기가 아닌 태극기가 바람에 펄럭였다. 빼앗긴 우리말과 글도 찾았고, 조상 대대로 이어온 성씨도 찾았다. 백형남과 변영수와 같은 청년들은 황등 신사와 심상소학교를 철거해버렸다.

황등 지역 청년들은 자청해서 치안공백을 담당하다가 얼마 지나지 않아 미군이 한국에 상륙하면서 군정(軍政)이 실시되었다. 이때 그의 장남인 계일승 목사는 미군의 통역을 맡아서 활동하였다. 한때 교회의 문을 닫고 황등교회에 출석하면서 신앙을 지켜왔던 동련교회는 해방의 기쁨으로 환원되었고, 황등교회는 다시 새롭게 교회를 부흥시키기 위해서 정상적인 집회가 본 궤도에 오르게 되었다. 일제의 강압으로 주일 아침예배를 드리지 못하고 밤 예배만 드렸던 것이 다시 오전 주일 아침예배와 주일

밤예배를 드리게 되었고, 수요일 밤 기도회도 할 수 있게 되었
다. 교회학교에 생각지 않게 학생들이 몰려들었다. 해방을 맞이
한 이때에 교회학교에서는 한글을 가르쳤고,[119] 또 한글을 알았
던 학생들은 황등국민학교에서 공부 잘하는 학생으로 인식되
었다.

그의 장남 계일승은 당시 황등교회 담임목사로서 바빴다. 계
일승은 영어를 잘했기 때문에 해방된 한국에서 영어의 필요성이
요청되자, 일본인 세랑(世郎)[120]의 집을 접수하여 황등기독청년
회관으로 사용하면서 3개월 간 밤마다 황등 지역 청년들을 모아
놓고 영어를 가르쳤다. 일제 에 헌납한 종이 없어서 늘 아쉬워했
던 교인들의 사정을 잘 알았던 그는 1946년 8월 21일 기쁜 마음
으로 교회에 종을 헌납하였다. 이 종으로 황등을 일깨우는 소리
가 마을마다 메아리쳐 울리게 되었다.[121]

---

119 이처럼 황등교회 교회학교는 설립초기부터 신앙교육만이 아니라 교회가 직
　　면한 현실사회의 필요를 채워주는 지역사회교육의 역할을 하였다. 이렇게
　　교회가 지역사회교육을 제대로 하기위해 논의되고 진행된 것이 황등기독학
　　원 학교설립이고 그 이후 황등교회 어린이집과 황등교회 노인대학이다.
120 김수진, 『황등교회 60년사』에서 일본인 세라(世郎秀夫)나 세랑(世良)은 같은
　　사람으로 세랑(世郎)이 맞다. 김재두 증언(2016년 5월 8일 오후 3시 10분~
　　4시 0분).
121 이것이 두 번째 종의 시대이다. 종이 다시 생겨나서 예배시간을 알림의 의미
　　는 해방을 맞은 시대로 이제는 자유롭게 예배를 드릴 수 있음을 뜻하는 상징
　　과도 같았다.

　　새벽마다 울리어 퍼져 나가는 종소리에 잠을 깼던 농부들은 눈을 비비면서 들녘에 나가 일을 하기도 하였고, 황등교회 교인들은 이 종소리를 들으면서 새벽기도회로 모였다. 주일에는 원근 각처에서 이 종소리를 듣고 교회로 몰려왔다. 이 종소리는 어른들에게만 기쁨을 준 것이 아니라, 어린 아이들에게까지 기쁨을 주었다. 그래서 주일 오후만 되면 준비 종소리를 듣고 교회에 몰려와서 교회학교 교사들이 가르쳐 준 성경말씀을 더 열심히 배웠던 일이 해방 후 황등교회에서 시행되어 갔다.

보복이 아닌 화해를 실천한 선각자

1945년 8.15해방으로 일본인들은 곧바로 귀국길에 오르게
되었다. 이때는 혼란한 상황으로 일본인들은 안전하게 일본으로
떠나는 것이 쉽지 않을 수도 있었다. 대체로 황등에서 일본인들
은 조선인을 극심하게 억압하거나 횡포를 부리지는 않았지만 그
렇다고 안심할 수는 없었다. 일제강점기에서 착취와 수탈로 시
달린 사람들이 격한 감정에 어떤 일을 벌일지 몰랐다.

그는 자칫 황등 지역에서 사람을 해치거나 괴롭히는 일이

없도록 하는 일에 힘썼다. 죄를 미워하되 사람을 미워해서는 안된다는 것이 그의 생각이었다. 이제 자신들의 나라로 떠나는 일본인들을 보복해서 해(害)를 끼치는 것은 옳지 않다고 보았다. 이미 그들은 전쟁에서 패망한 패전국 사람들이었다. 황등에 있는 그들의 집과 재산도 가져갈 수도 없었다. 그는 이들이 무사히 자기 나라로 돌아가도록 황등 지역민들을 다독였다. 이런 그의 생각은 그와 함께 하는 황등교회 오일봉 장로나 그가 전도한 김희갑 장로는 물론 동련교회 등 지역의 기독교인들도 뜻을 같이 하였다. 그의 아들 계일승은 황등교회 담임목사로 재임하던 1943년 12월 24일 성탄절 축하 연극발표회 때, 일본 제국주의를 비난했다고 해서 계일승 목사와 계이승, 변영수, 김인길, 김길남, 김일두 등이 이리경찰서에 끌려가 투옥되어 괴롭힘을 당하기도 하였다.[122] 그런 이들이 해방 후에는 계일승 목사를 중심으로 일본인들이 무사히 일본으로 돌아가도록 하는 일을 하였다. 이는 기독교 정신에 따른 용서와 화해의 실천이었다. 누군가를 벌한다는 것은 그 사람에 대한 분노를 어두운 마음으로 토해내는 것이다. 그러나 용서한다는 것은 마음속 분노뿐만 아니라 심지어 자존심까지 내려놓아야 한다. 당연히 결코 쉬운 일이 아니다.

---

122 김수진, "평신도 운동이 한국교회 성장에 미친 영향에 대한 연구-교회사적 측면에서", 267쪽.

그렇기에 진심어린 용서는, 어떤 가혹한 처벌보다 강력한 힘을 가진다. 용서는 과거를 변화시킬 수 없지만 미래를 넓혀주는 아름다운 일이다.

그는 어두운 때에 별이 더욱 빛나듯이 이와 같은 혼란과 무정부 상태에 지역의 지도자로서 여러 모로 혼신의 힘을 기울였다. 그는 오랜 일제강점기를 겪으면서 고통 받은 사람들을 위로하고 새 나라 새 일꾼이 될 것을 격려하고 다녔다. 그는 늘 그래왔듯이 거창하게 조직을 만들거나 정치 조직에 몸담지 않았다. 그는 묵묵히 자신의 자리에서 소리 없이 일을 진행해 나갔다. 그는 일제가 떠난 후의 행정공백과 지역사회복지를 위해 1946년 10월 31일 황등면 후생사업협회장으로 추대되어 지역주민들을 돌보는 일에 힘썼다. 이어서 그는 1946년 12월 18일 한민족대표 외교사절단 후원회장으로도 활동하면서 새롭게 구성되는 나라의 외교를 민간차원에서 돕는 일에도 힘썼다. 그러면서 그는 새로운 시대를 이끌어갈 청년들에게 기대를 걸고 격려해 나갔다.

그의 격려에 힘입어 그의 아들 계일승은 황등교회 담임목사로서 일제강점기에 일그러진 교회 분위기를 회복해나가면서 황등 지역 젊은이들을 위해 무료로 영어를 가르쳤다. 황등교회 청년들은 건국준비위원회에 동참하였다. 황등교회 목사인 계일승을 위원장으로 변영수, 안삼용, 계이승, 조길동, 옥판석, 박인석,

홍금길이 위원으로 참여하였다. 동련에서는 박석동, 백형일, 백형남 등이 참여하였다. 이들을 중심으로 황등의 많은 청년들이 태극기를 만들었다. 황등면에는 해방을 알리는 경축 현수막을 만들어 부착하였다. 이들은 일본 사람들이 다치지 않기 위해 치안확보와 일본 사람들이 쓰던 물건을 사지도 말고, 빼앗지도 말도록 엄중하게 감독하였다. 이렇게 해서 황등에 거주하는 일본인은 단 한 사람도 피해를 입지 않고 일본으로 돌아갈 수가 있었다. 그 후 황등교회 청년들과 동련교회 청년들은 미군정에 협조하였고, 우익진영의 대한청년단 간부들이 되기도 하였다. 이런 이유로 6.25가 발발하여 순교하거나 고초를 겪은 이들이 많았다.[123] 1946년 1월 27일 황등교회 청년들이 중심으로 조선기독교독립촉성회 황등분회를 조직하였다. 회장에 계일승, 부회장에 오일봉과 김희갑, 총무부에 변영수, 선전부에 계이승, 조직연락부에 장복길과 조길동, 재무부에 임시혁, 고문에 계원식과 최기채가 맡았다. 이 조직을 중심으로 지역사회를 섬기는 봉사와 치안 등의 활동을 하면서 교회도 부흥하게 되었다.[124]

---

123 전기년, "황등 지방교회 기독청년 활동사항", 오찬규, 『익산시교회사』, 298-301쪽 참조.
124 김수진, "평신도 운동이 한국교회 성장에 미친 영향에 대한 연구-교회사적 측면에서", 268쪽, 김수진, 『황등교회 60년사』, 476쪽.

1950년 6.25의 비극과 믿음의 길

계일승은 1946년 미국 유학을 가기 위해 사표를 제출한 일이
있었지만 후임 목사가 결정되지 않아서 그 일을 성취하지 못했
다. 그러다가 이북 철산지방에서 목회하던 이재규 목사가 북한
공산정권의 종교탄압에 견디지 못해 가족을 이끌고 월남(越南)
하여 목회지를 찾던 중, 강신명[125] 목사의 소개로 황등교회에서

---

125 강신명은 계일승과 평양장로회신학교 동기동창이다. 1938년에 선천의 남교
　　회에 목사로 부임한 때부터 본격적인 목회를 시작하였다. 남북분단 이후

목회하게 되었다. 이렇게 해서 계일승은 미국 남장로교회 선교부의 주선으로 미국에 유학하여 역사신학을 연구하게 되었다. 때마침 미국 남장로교회 선교부에서는 장차 한국교회를 이끌고 갈 인재를 양성하기 위해서 고심하던 차에 계일승을 선발하여 적극 후원하고 나섰다. 이렇게 해서 계일승은 미국 유학을 떠났다. 미국에서 계일승은 1949년 컬럼비아신학교에서 신학석사학위를 받았고,[126] 유니온신학교에서 1950년 신학박사학위를 받았다.[127]

이재규는 이북 출신이다 보니 이남의 사정을 잘 몰랐다. 낯선 곳에서 고향 사람을 만나면 반갑고 큰 힘이 되듯이 이재규에게 고향 선배인 그는 큰 도움이 되었고, 의지가 되었다. 그와

남쪽으로 내려와 1947년에 당시의 피난민교회였던 서울의 영락교회(당시에는 베다니교회)에서 한경직 목사와 함께 동역목사(同役牧師)를 한 이후, 새문안교회 담임목사가 되었다. 강신명은 계일승이 장로회신학대를 정규신학대학으로 개편한 즈음인 1962년 9월 총회 야간신학교(현재, 서울장신대학교) 2대 교장으로 취임해서 이 학교를 새문안교회로 옮겨 발전시켜 나갔다. 계일승과 강신명은 같은 교단의 목회자양성기관을 책임지는 입장이었기에 서로 교류하였을 것으로 보인다. 강신명과 신학교 동기동창임은 김인수의 자료에 나온다. 김인수, "할아버지가 졸업한 평양장로회신학교에 입학하여 1938년 졸업하였다. 동기생 중에는 새문안교회 담임 강신명목사, 한국교회 사학의 태두인 김양선 목사, 호남 교계의 거두 순천 매산학교 교장 김형모 박사, 그리고 사랑의 성자 손양원 목사 등이 있었다." 김인수, "〈9〉 계일승 목사, 1. 출생과 교육", 《한국기독공보》(2009년 7월 29일).

126 *The Presbyterian Church in Korea*/Authors: Kay, Il Seung: Thesis(Th.M.)-Columbia Theological Seminary, 1949.

127 *Christianity in Korea*/il Seung, Kay: Union Seminary, Th.D, 1950.

이재규는 같은 이북 출신으로 고향을 떠나온 사람들이었다. 그는 이재규 목사가 빨리 교인들을 파악할 수 있도록 도왔다. 그와 이재규 목사는 비슷한 성향의 사람이었다. 이들은 자신이 조직을 주도하기보다는 시간이 걸리더라도 다른 사람과 협력해나갔다. 그러다보니 두 사람은 마치 부자지간처럼 친숙했다. 그는 기성의원과 집이 황등교회 근처이기에 수시로 교회로 오고가면서 젊은 목사를 도왔다. 이렇게 목사와 장로가 협력하니 교회는 안정되어 갔다. 이들은 조용한 농촌 마을인 황등에 있다 보니 엄청난 비극이 다가오고 있음을 알지 못하였다.

제2차 세계대전 종전(終戰)을 눈앞에 둔 1945년 2월의 얄타회담에서 미국과 소련은 한반도의 38도선을 경계로 남부는 미국군이, 북부는 소련군이 각각 일본군의 무장해제를 담당하기로 결정하였다. 1945년 8월 15일 일본이 무조건 항복하자, 이 결정에 따라 38도선 이남에서는 미군정이, 이북에서는 소군정이 시작되었다. 양국 군정은 모두 한반도에서 자국을 지지하는 정권을 만들기 위해 영향력을 행사하였다.

미소 양국 군정(軍政)의 영향력 아래에서 한반도 내의 정치세력도 지역적으로 분할되었다. 북한에서는 소련의 지원 하에 사회주의 개혁이 이루어졌다. 그 과정에서 토지나 직장을 잃은 사람들이 대거 월남했다. 반면 남한에서는 미군정과 사회주의자들 사이의 대립이 격화되었고, 사회주의 지도자들 대다수가 월북했다. 한반도 내의 사회경제적 정치적 갈등과 대립이 지역적 분할 양상을 보이는 상황에서 1948년 8월 15일 남한이 먼저 단독 정부를 수립하였고, 9월 9일에는 북한도 단독정부를 수립하였다. 북한의 김일성은 무력통일 방침을 세우고 소련과 중국의 동의를 얻었다.

1950년 6월 25일 주일 새벽 북한군은 38도선 전역에서 전면 공격을 개시했다. 병력과 화기 면에서 절대열세에 있던 데다 전면전을 예상하지도 못했던 국군은 변변한 저항도 못하고 패퇴를 거듭했다. 그러나 정부는 국군이 적을 격퇴하고 황해도까지 진출했다고 거짓 방송을 하여 국민들을 안심시켰다. 서울 시민들은 포성이 가까이에서 들리기 시작한 6월 28일 새벽에야 전황이 다급하다는 사실을 알았다. 대다수 서울 시민들은 이미 피난하기에는 늦었다고 생각하고 잔류하기로 결정했으나 북한군이 서울을 점령할 경우 생명을 보존하기 어렵다고 판단한 군인, 경찰, 공무원과 그 가족들은 서둘러 피난길에 올랐다. 그런데 국군은 이승만 대통령을 비롯한 삼부 요인이 한강을 넘자마자 한강의 모든 교량을 폭파했다. 28일 새벽 2시 20분 한강 인도교가 폭파되었고 2시 40분에는 광진교가 폭파되었다. 이 폭파로 인해 500~600명의 피난민이 사망했다. 뒤늦게 한강 인도교로 달려온 많은 시민들은 배편을 구하거나 집으로 다시 발길을 돌려야 했다. 상당수 국군 병력도 배편을 이용했다.

물밀듯이 내려오는 인민군을 막으려고 황등 지역의 경찰들이 수비를 하려고 했지만 그럴 수 없었다. 7월 18일 저녁, 경찰들은 황등산에 모래주머니를 쌓고 기관총을 설치하고는 방어전을 펼치려하였다. 그러나 인민군의 숫자나 무기를 상대가 되지 않을 듯해서 곧바로 진지를 다송(多松) 쪽으로 옮겼다. 여기라면 일전(一戰)을 치루기에 적합해 보였다. 이곳은 방어하는 쪽은 높고 공격하는 쪽은 낮아 진지를 구축하기에 안성맞춤이었다. 그러나 황등 지역에는 일제강점기에 전문학교나 사범학교를 나온 지식인들이 사회주의 사상에 무장한 사람들이 있었다. 당시 황등 율촌리는 제2의 모스크바로 불릴 정도로 좌익사상에 물든 학교교사 등의 지식인들도 있었다.[128] 인민군과 은밀히 연락을 주고받고 있었다. 그러니 이미 경찰들의 진지구축과 병력과 무기 상황을 인민군은 잘 알고 있었다. 결국 경찰은 100명의 사상자를 내고 너무도 쉽게 패하고 말았다.

1950년 7월 19일 아침, 인민군은 황등 지역에 들어왔다. 갑작스런 인민군을 맞닥뜨린 황등 지역은 혼란에 빠져들었다. 어제

---

128 김재두와 통화(2016년 4월 26일 오후 3시 10분~3시 30분).

까지 이웃이던 이들은 빨간색 완장을 차고 죽창을 들고 다녔다. 이렇게 되자 우익성향의 인사들은 생명의 위협을 느꼈다. 그는 장남인 계일승이 우익활동을 하다가 미군정 치하에서 영어통역을 하고 미국유학을 간 것이 문제가 될 상황이었다. 이재규 목사도 북한 정권이 싫어 남쪽으로 내려온 목사이기에 문제가 될 것이고, 우익활동을 해온 변영수도 걱정이었다.

이처럼 험악한 분위기 속에서 남모르게 사람을 살린 사랑의 실천이 있었다.[129] 1950년 6.25전쟁 때, 남쪽으로 내려온 인민군들 가운데 부상당한 병사 두 명이 기성이원에 와서 치료를 받았다. 이들은 공산주의가 무엇인지도 알지 못하고 강제로 징병당하여 전쟁에 참여한 17세에서 18세 정도밖에 되지 않은 어린 병사들이었다. 이들은 기성의원의 의사가 평양 출신이라는 것을 듣고는 친근감을 가지고 찾아 왔다. 순진한 농촌 출신의 부상당한 어린 병사들은 할아버지 같은 의사로부터 치료를 받으면서 마음 문을 열었다. 그들은 고향 이야기를 하면서 몸과 마음의 치료를 받고 위로와 격려를 받았다. 그들은 "할아버지 동무" 하며 찾아와서는 치료를 받고, 놀다 갔다. 이런 그들의 모습은 인

---

129 이 이야기는 그의 손자인 계지영 목사가 보내준 이메일 내용을 정리한 것이다(이메일 전송;2018년 6월 7일 07:30).

민군 병사라기보다 사춘기 소년들 같았다. 그들은 기성의원에서 밥도 얻어먹고 과자도 먹는 재미에 자주 왔다.

그러던 어느 날 두 사람 중, 한 사람이 그에게 조용히 할 말이 있다면서 조심스럽게 말을 꺼냈다. "할아버지 동무, 제가 전선에 끌려가면 죽을 텐데 어떻게 하면 살 수 있을까요?" 그는 나이 어린 병사를 안타깝게 바라보면서 이렇게 말하였다. "정신병자처럼 행동하면 살 수 있을 겁니다." 그의 말을 듣고 어린 병사는 실제로 미친 사람처럼 행동하기 시작하다가, 숙소를 이탈하였다. 이 병사에 대해 조사를 나온 인민군 관계자에게 그는 이렇게 말하였다. "그 병사는 횡설수설하는 정신이상자였습니다. 치료비도 안 내고 가 버렸습니다." 그의 말을 믿어서인지 인민군들은 나이어린 병사를 더 이상 찾지 않았고 그로 인해 그 병사를 살아남을 수 있었다.

그는 의사로서 이념을 넘어서 환자를 치료하였다. 그가 보기에 나이어린 병사들은 인민군 이전에 고향에 두고 온 불쌍한 손자들 같았다. 이들이 이념을 제대로 알고 전쟁에 참여한 것도 아니고 죽음의 공포에서 두려워 떨고 있음을 보았다. 그는 교회 장로로서 거짓말을 하였다. 그의 거짓말로 한 생명이 살아났다. 그는 자신의 도덕적인 흠보다 한 생명을 소중히 여긴 것이다. 그는 이처럼 알지도 못하는 인민군들을 치료해주고 한 생명을

살려주었는데 얼마 지나지 않아 반동분자로 몰려 끌려가고 그의
며느리 안인호가 죽임을 당하게 줄은 꿈에도 몰랐다.

　인민군의 진주로 황등을 지배하는 인민위원회는 종교를 부
정하였다. 이들은 황등교회당을 종교시설이 아닌 그들의 모임
장소로 사용하였다. 이들 중 한 사람은 교회당에서 담배를 피우
기까지 하였다. 이를 본 청년 봉기성은 그 사람에게 "최소한 교
회당에서는 담배를 피우지 말아줄 것"을 요청했다. 그랬더니 그
사람은 이렇게 말하였다. "인민공화국 세상이 왔는데 무슨 교회
야!" 이에 봉기성은 교인들과 함께 그보다 조금 지위가 높은 사
람에게 정중하게 이야기해서 최소한 교회당에서만큼은 담배를
피울 수 없게 한 일이 있었다.[130] 인민위원회는 수시로 마을 청
소년과 부녀자들을 모아놓고 교회당에서 김일성을 우상화하는
혁명 노래를 부르게 하였다. 이런 상황에서 교회에서는 예배를
드리는 것만으로도 기적일 지경이었다.[131]

130　김수진, 『황등교회 60년사』, 151쪽에서는 교인들이 교회당에서 담배를 피우
　　는 것을 못마땅하게 여겼지만 무례한 사람으로 인해 상급자에게 정중히 부
　　탁해서 제지하였다고 한다. 김재두의 증언에 의하면, 이 교인이 봉기성이다.
　　봉기성은 교회에서 담배를 피우는 것에 대해 분명하게 항의하였고, 그런 봉
　　기성의 논리와 태도에 기가 죽어서 인민위원회 사람들은 슬그머니 교회 안
　　에서는 담배를 피우지 않게 되었다고 하였다. 김재두와 만남(2016년 8월 1일
　　오후 2시 30분~50분).
131　김수진, 『황등교회 60년사』, 151-152쪽 참조.

그는 교회 장로들과 함께 이재규 목사에게 피난을 갈 것을 권하였다. 이재규 목사는 인민위원회의 대표적인 표적이 될 것 같았다. 이재규 목사는 그럴 수 없다고 했으나 거듭된 권유로 전쟁이 끝나면 곧바로 돌아온다는 다짐으로 7월 23일 주일 예배를 마치고는 이리 시내 쪽으로 피난을 떠났다. 그는 교인들과 함께 주일 아침예배를 드렸다. 인민위원회는 그와 그의 아내 이자희 그리고 그의 며느리인 안인호를 체포하였다. 그러나 인민위원회는 그와 이자희를 풀어주었다. 그러나 미국 유학중인 계일승의 아내요, 그 며느리(子婦) 안인호는 석방하지 않았다. 안인호는 6남매를 기르며 시부모를 봉양하면서 남편 몫까지 효도하면서 살았는데, "미국 놈의 각시"[132]라고 하면서 황등농협 가마니 창고에 유치시켰다가 8월 14일 황등공동묘지 골짜기에 끌고 가 무참하게 학살하고 말았다.[133] 이때 학살당한 사람은 황등

---

[132] 『옥판석 증언』(1989년 8월 12일)을 김수진, 『황등교회 60년사』, 152쪽에서 재인용.

[133] 『봉기성·정업무 증언』(1989년 8월 2일)을 『황등교회 60년사』, 152쪽에서 재인용; 정복량은 안인호 집사가 학살당한 곳이 '황등산'이라고 하였다. 정복량, 위의 글, 4쪽; 김항안도 안인호 집사가 학살당한 곳이 '황등산'이리고 하였다. 김항안, 위의 글, 92쪽; 이에 대해 김재두의 증언을 통해 알아본 결과, 황등공동묘지와 황등산은 같은 장소를 말하는 것임을 확인할 수 있었다. 그러나 굳이 정확한 지명을 밝힌다면 황등공동묘지가 맞는다고 하는 김재두의 증언에 따라 김수진의 『황등교회 60년사』를 그대로 씀을 밝힌다. 김재두와 통화(2016년 4월 9일 오후 6시 30분~35분).

교회 안인호만이 아니라 동련교회와 신황등교회 교인들을 포함해서 17명[134]이 총살을 당하였다.

그는 황등교회를 설립하는데 주도적인 역할을 한 사람이었고, 그의 아버지가 목사였고 아들이 목사였다. 또한 그는 장남인 계일승을 평양 숭덕보통학교,[135] 신흥고보, 중국 로하고등학교, 연경대학을 거쳐 미국 유학 등으로 기독교학교로 공부시켰다. 차남인 계이승도 기독교학교인 군산 영명학교에 진학시킬 정도로 철저한 기독교신앙인이었다. 그러니 기독교신앙인이라는 이유로 죽이려면 안인호와 마찬가지로 그도 죽임을 당해야하였다. 더욱이 그는 인민군들이 타도의 대상으로 보는 유산자 계급으로

---

134 김수진,『황등교회 60년사』, 152쪽에는 정확한 인원이 나오지 않았으나 전북 기독교역사연구회, "익산시 순교자기념예배 자료집"(미간행자료집, 2015년 6월 21일)에서는 17명이 총살을 당한 것으로 나온다.

135 숭덕보통학교는 미국 북장로교회 선교사인 마포삼열(Moffet, S. A.)과 베어드(Baird,W.M.) 등이 교육을 통한 기독교보급을 위하여 1894년 4월 1일 평양의 홍남면 남산리에 설립하였다. 1912년의 기록에 의하면 교명을 숭덕소학교(崇德小學校)로 고쳤으며, 수업연한은 예비과 3년, 본과 3년으로 하였다. 학생정원은 60명이고 교장은 미국인 배위량(裵緯良)이 취임하였다. 1936년 수업연한을 6년으로 연장하고 6학급에 학생 434명, 교사 7명으로 편성하였다. 이후의 연혁은 미상이며, 남학생만의 초등교육기관으로 운영된 것으로 나타나 있다. 이 학교는 개화 초기에 설립된 기독교 민립학교의 하나로 평양지방의 초등교육 보급에 기여하였다. 이 학교는 기독교학교이면서 1919년 평양 3.1운동의 중심지였던 곳이다. 그는 장남 계일승을 이 학교에 입학시켰다. 그는 월남이후 장남 계일승의 중학교과정을 전주 신흥고보로 하였고, 차남 계이승을 군산영명학교로 하였다. 신흥고보와 군산영명학교 모두 기독교학교이면서 3.1운동의 중심학교였다.

재력을 소유한 의사 집안이었다. 그러니 인민의 적으로 간주하여 그를 죽일 수 있었다.

안인호를 죽인 결정적인 이유 중 하나가 '친미반동분자'라는 이유였다. 이것도 안인호보다 그가 더했다. 그는 미군정 시대에 미국에 협조하고 미국의 도움으로 유학 간 계일승의 부모들이었다. 안인호는 오히려 계일승이 유학을 간 것으로 피해를 본 사람이었다. 시부모 봉양과 6남매를 양육하는 삶은 계일승과 계일승의 아버지인 그로 인한 결과였다. 안인호가 친미행위를 한 적도 없었고, 남편의 유학을 도운 적도 없었다. 그저 시부모가 시키는 대르 순종하고, 남편의 뜻을 따랐을 뿐이었다. 아마도 인민위원회에서는 그가 의사로서 활용가치가 있고, 그가 지역에서 돈 없는 이들, 즉 이들의 표현으로는 무산계급에게는 무료로 진료해 주고 의료봉사활동도 한 것이 호감(好感)으로 작용한 것으로 보인다. 그리고 지역에서 이들 부부를 존경하는 주민들이 많았다. 이런 이유로 일단 이들 부부는 나이 들었으니 쉽게 도망도 가지 못할 것이고, 의사로서 이용가치가 있으니 일단 풀어주고 감시하기로 한 것이다.[136] 대신에 자신들의 입장에서 볼 때, 누가 봐

---

[136] 김재두의 증언에 의하면, 이들 부부는 그 후로 피난도 가지 못할 정도로 감시가 심했다. 대신에 계이승 부부는 안인호가 순교한 이후, 자신들에게도 위험이 닥칠까봐 피난을 떠났다. 김재두와 만남(2016년 5월 1일 오후 3시

도 철저한 기독교집안이고 유산자계급이고 친미반동분자인 집안을 다 풀어준다면 자신들이 상부의 문책을 받을 수도 있고 하니 이 집안에서 한 사람 정도는 죽여야 할 것으로 보고 철저한 기독교신앙인의 자세를 굽히지 않고 자신들에게 넘어오지 않은 안인호를 죽인 것으로 보인다.

안인호가 순교한 이후 계일승은 신학박사가 되어 귀국하여 장로회신학대학 학장이 되었으며 안인호가 평생토록 기도하고 봉사했던 황등교회도 지역사회를 섬기며 성장하는 교회가 되었다. 안인호의 순교로 어머니 없이 자라게 된 성순, 은순, 양순, 지영, 지화, 지광은 거룩한 순교의 피를 헛되지 않게 믿음 안에서 잘 자랐다. 그는 며느리인 안인호의 순교 앞에 가슴이 찢어지는 아픔을 겪었다. 고생만 하다가 처참하게 죽임을 당한 며느리를 생각하면 가슴 한편이 먹먹해지는 고통을 느꼈다. 그는 차남인 계이승과 며느리 김봉도에게 인민위원회의 눈을 피해 피난을 떠날 것을 권유하였다. 계이승과 김봉도로서는 생각조차 할 수 없는 일이었다. 계이승은 형인 계일승은 미국 유학 중이고, 형수인 안인호가 처참하게 순교한 이유로 부모가 상심이 큰 상황에 어린 조카들이 6명이나 되었다. 그러나 그는 완강하였다. 자칫

차남인 계이승 내외에게 무슨 일이 닥칠지 모른다는 생각에 일
단 계이승 내외를 살려야한다고 생각하였다. 자신은 인민위원회
에서 의사라는 이유로 이용가치가 있어서 쉽게 죽이지 않을 테
니 피난을 가라고 강권하다시피 하였다. 계이승과 김봉도는 차
마 발걸음이 떨어지지 않지만 피난을 떠난 것이었다.

그의 집은 인민위원회의 감시가 심해서 드나드는 사람이 적
었다. 그런데도 평소 그를 존경하면서 가깝게 지내던 백계순은
그런 것에 아랑곳하지 않고, 수시로 드나들면서 그에게 바깥소
식을 전해주곤 하였다. 백계순을 통해 그는 9월 15일 UN군이
인천상륙작전을 성공시키면서 전세(戰勢)가 변해서 인민군이
후퇴하게 되었다는 소식을 접하였다. 이제 계이승과 김봉도가
돌아와도 되겠다는 생각이 들었지만 숨어 지낼 계이승과 김봉도
에게 이 기쁜 소식을 전할 방법이 없었다. 백계순은 과자 굽는
회사의 직공으로 일하면서 황등교회에서 신앙생활을 하던 서리
집사였다. 백계순은 인민군이 후퇴한다고 하지만 아직 전쟁이
끝난 상황이 아닌 위험한 시기임에도 평소 존경하고 가깝게 지
내던 그가 계이승과 김봉도의 안부를 걱정하면서 보고 싶어 하
는 것을 목격하였다.

백계순은 계이승 부부가 돌아올 것을 간절히 바라는 그를
보고는 곧바로 이들 부부를 찾아 나섰다. 이는 결코 쉬운 일이

아니었다. 아무리 존경하고 친하게 지낸다고 해도 전쟁 상황이었다. 불과 얼마 전에 인민위원회는 황등산에서 17명을 무참하게 학살하는 만행을 저질렀다. 더욱이 후퇴하는 인민군은 제정신이 아니었다. 백계순이 어디로 갈지도 모르고 무작정 떠난 것이 아니라면 그가 계이승 내외가 숨어있는 곳을 백계순에게 알려주었을 것이다. 그렇다면 그와 백계순은 매우 가깝게 지내던 사이였을 것이다. 그렇기에 백계순은 목숨을 건 일을 감행했는지도 모른다. 그와 백계순이 어떤 이유로 친하게 지내는 사이였는지는 알 수 없으나 백계순이 그를 위해 그의 아들 내외를 찾아나설 정도인 것으로 보면 두 사람의 친분은 매우 두터웠을 것으로 보인다. 그는 철저한 신앙인이었다.

백계순은 그를 깊이 존경하며 따르면서 깊은 신앙을 흠모한 것 같다. 그러면서 자신도 신앙의 깊이를 더해갔을 것이다. 안타깝게도 백계순의 두려움 없는 사랑[137]은 결실을 맺지 못하고 말았다. 백계순은 계이승과 김봉도를 만나지 못하고 그만 충남 논산 지역에서 순교로 추정되는 행방불명이 되고 말았다.[138] 백계

---

137 사랑 안에 두려움이 없고 온전한 사랑이 두려움을 내쫓나니 두려움에는 형벌이 있음이라 두려워하는 자는 사랑 안에서 온전히 이루지 못하였느니라 (요한일서 4장 18절).
138 김수진은 그가 백계순을 미리 피난 갔던 안인호 집사를 다시 안내해서 황등으로 돌아올 수 있도록 심부름을 보냈다고 하였다. 김수진, 『황등교회 60년

순이 행방불명된 충남 논산 지역은 인민군이 기독교인들을 무자비하게 학살하던 지역으로 이곳에서 이재규와 이재규의 사위 노명갑 그리고 변영수가 순교하였다. 백계순은 같은 황등교회 목사와 장로가 순교한 지역에서 기독교신자라는 이유로 순교한 것으로 추정하고 있다.[139]

사』, 154쪽; 그러나 그 당시 상황으로 볼 때 이는 아닌 것 같다. 1950년 7월 19일 인민군이 황등교회당을 접수하고 7월 22일 그와 그의 아내와 안인호를 비롯한 많은 사람들이 붙잡혀 갔다. 그와 그의 아내는 풀려났지만 안인호를 비롯한 많은 사람이 학살당하였다. 그러니 안인호가 1차 피난을 갔다가 돌아왔다는 봉기성과 노상열의 증언(1989년 8월 13일)을 김수진, 『황등교회 60년사』, 157쪽을 염두에 볼 때 안인호를 데리러 나갔다고 보기엔 시기나 여건상 설득력이 부족하다. 충남 논산에서 마지막으로 본 사람이 있다는 증언(김신중과 통화 2016년 5월 13일 오후 9시 20분~40분)과 정확한 근거는 확인되지 않았지만 정진석의 자료에 따르면, 충남 금산군에서 9월 25일 납북이라고 하니 8월 14일 안인호 순교 이후에 계이승 부부가 피난을 떠났고 백계순이 계이승 부부를 찾으러 갔다고 보는 게 타당한 것으로 보인다. 백계순이 안인호가 아닌 계이승과 김봉도를 찾으러 간 것으로 들었다고 하는 증언은 김재두(2016년 5월 8일 오후 9시 10분 통화), 변의진(2016년 5월 13일 오전 10시 30분 통화), 김신중(2016년 5월 13일 오후 9시 20분~9시 40분 통화)로 일치한다. 1983년 8월 13일 당시 KBS 특별방송 '이산가족찾기'에서 백계순(25164)을 찾아본 기록이 있으나 이 방송에서 백계순을 찾지 못하였다. 백계순의 처조카 김신중과 유족은 백계순이 순교한 것으로 굳게 믿고 있다.

139 정진석의 자료에 나오는 내용이다. "白桂淳(백계순 · 32) 9월 25일 금산군에서 납북." 그런데 정진석의 자료는 틀린 것들이 많다. 안인호와 이재규가 틀리게 나오고, 신황등교회 김봉재도 틀리게 나와 있다. "金奉在(김봉재 · 29) 9월 25일 전북 이리에서 납북. 주소는 경남 거제도" 정진석, 위의 글, 29쪽; 백계순의 경우도 믿을 수 있는지 의심스럽지만 일단 수긍한다면, 백계순은 납북으로 이해해야한다. 백계순을 그동안 이해한대로 행방불명으로 이해하거나 정진석의 자료에 근거해서 납북으로 이해한다면 백계순을 순교자로

6.25전쟁으로 순교한 이들은 그와 직·간접적으로 연결되어 있다. 안인호는 첫째 며느리였고, 이재규는 자신과 같은 이북이 고향으로 자신의 아버지와 아들이 졸업한 평양장로회신학교 졸업생이었다. 그리고 자신의 아들 계일승이 미국으로 유학을 가게 되면서 부임한 고향 사람이었다. 변영수는 자신을 따르던 후배 장로로 오랫동안 손발을 맞춰온 사이였다. 백계순은 자신의 둘째 아들 내외를 찾으러 갔다가 그만 행방불명이 된 아픔이 있었다. 순교자는 땅에 살지만 하늘을 품고 사는 이들이다. 그러기에 땅에 속한 것들로부터 자유로운 사람들이다. 그들은 과거에 살지 않고 미래를 살며 낡아지지 않고 새로워지는 사람들이다.

추존(追尊)함이 어렵게 된다. 이런 사안으로 한국기독교 100주년기념사업회에 문의해 보았다. 이에 대한 답이다. "조만식 장로도 마지막 소식이 불분명하니 행방불명이지만 순교자로 추존하고 있다."면서 "행방불명이나 납북도 순교자로 볼 수 있기는 하다. 그러나 생사가 불분명하고 순교를 증언할 자료나 증언이 정확하지 않기에 모호한 측면도 있다." 정한조와 통화(2016년 5월 2일 오전 11시 10분~20분).

 작은 불꽃, 기성 계원식의 삶과 신앙

화해와 용서를 위한 정신적 토대구축자

1950년 9월 15일 유엔군의 인천상륙작전이 성공하였고, 9월 28일 서울이 수복되면서 황등도 인민군과 인민위원회가 물러갔다. 지루하고 처참한 3개월의 악몽이 끝이 났다. 황등에도 새날이 왔다. 그러나 이때는 해방의 기쁨을 만끽하던 때와는 다른 아픔이었다. 일제강점기는 일본제국주의에 의해 고통 받은 것이지만 6.25전쟁으로 인한 고통은 같은 민족끼리 총부리를 겨눈 것이고 3개월의 짧은 기간 동안 너무도 많은 이들이 죽임을 당했다. 전쟁은 끝났지만 상처를 아물지 않았다. 집집마다 전쟁의 상처가 너무도 컸다. 그도 사랑하는 며느리를 잃었고, 아들같이 사랑하고 존중한 이재규 목사의 소식도, 아들같이 아끼던 변영수도 백계순의 소식도 알 수 없었다.

6.25전쟁 당시 강제가 되었든 자발적이 되었든 인민위원회에 협조한 사람들이 많았고, 또 인민공화국 시대가 왔다고 함부로 행동했던 사람들이 많았다. 이들은 갑자기 인민군이 국군의 반격에 놀라 예고도 없이 철수해 버렸기 때문에, 난감한 처지가 되고 말았다. 이때 인민군을 따라 간 사람들이 있었지만 갑작스런 상황에 인민군을 따라가지 못한 사람들도 있었다. 사실 이들 중에는 사상(思想)이 뭔지도 모르고 그저 갑작스런 세상의 변화에 휩쓸려 설치고 다닌 이들이 많았다.[140] 전쟁의 참혹함에 치를 떠는 이들은 이들에 대한 분노와 미움이 있었다. 황등 사람들은 일제강점기에 황등을 장악한 일본인들에게는 크게 분노하지 않았으나 이번에는 달랐다. 이런 상황이다 보니 자칫 황등에서 보복의 피비린내가 진동할지 몰랐다.

처음에 그도 자신의 며느리를 처참하게 죽인 이들을 그냥 용서하는 것에 대해서는 반대하였다. 너무도 가슴 아픈 일이었

----

140 김재두 증언(2016년 5월 15일 오후 12시 30분~1시 00분).

다. 어떤 형태로든 죗값을 치르게 하는 것이 맞는다고 여겼다. 그러나 그는 이내 마음을 돌렸다. 지금 이 상황에서 누가 누구를 벌주고 죗값을 묻겠는가? 그런다고 죽은 이들이 살아 돌아오는 것도 아니었다. 그가 이렇게 큰마음을 먹은 이유는 그의 집안처럼 큰 아픔을 겪은 집안들이 여럿 있었으나 이들 모두 보복이 없이 화해와 용서를 바란 것도 영향을 미쳤다. 이렇듯 이미 황등은 화해와 용서가 가능한 성숙한 기독교신앙이 깊었다.

동련교회 백낙규의 집안에서도 고통이 있었다. 백낙규의 아들로 초대 제헌의원을 지낸 백형남은 9월 28일 서울 수복 직전 부산으로 피난가야 하는데 여의치 않아 목포로 갔다가 거기서 인민군에게 붙잡혀 회유와 전향을 거부해서 죽임을 당하였다. 신황등교회 김희갑의 아들 김봉재도 10월 14일 피난 갔다가 돌아오던 길에 전라남도 무안군 임자도에서 순사하고 말았다. 그때 그의 나이 29이었다. 백형권은 인민위원회의 눈을 피해 3개월간 동련 토굴 속에 숨어 지낸 사람이었다. 백형권은 치안대장으로서 직결권을 행사할 수 있는 위치였다. 백형권은 강력한 말로 "보복은 또 다른 보복을 낳습니다. 제가 토굴 속에서 다 듣고 봤습니다. 인민위원회에 누가 협조했는지 다 압니다. 누가 더 협조하고 덜했는지 따질 수 없습니다." 백형권은 형인 백형남의 나라사랑과 아버지로부터 이어온 기독교신앙의 영향으로 이렇듯 강력하게 보복을 막았다.

그는 슬픔에만 잠겨 있을 수 없었다. 피난을 떠난 이재규 목사가 돌아오지 않자 1950년 12월 2일 이재규 목사를 찾는 전단지(傳單紙)를 제작하여 각 교회, 각 면사무소에 배포하였다. 그리고 그는 교인들과 함께 이재규 목사의 생사를 확인하려고 인민군에 의해 학살된 지역을 가보기도 하였으나 이재규 목사의 시신은 찾을 수 없었다. 황등교회는 아주 연약한 상태였다. 담임목사는 행방불명 상태였고, 좌익들로부터 심한 탄압을 받자 앞으로 어떤 일이 또 일어나지 않을까 하는 상태에서 믿음이 연약한 사람들은 스스로 신앙을 포기해 버렸던 때였다. 그는 또 다시 담임목사가 없는 교회의 어른으로서 교회를 수습하고 섬겨야만 하였다. 1951년 7월 5일에는 6.25전쟁 중 피난을 떠난 교인들의 안전을 위해 황등교인증을 황등교회 당회장 이재규 명으로 발행한 일도 있었다.

그는 교회를 회복하는 일에 힘을 기울였다. 기다려도 오지 않고 수소문을 해도 찾을 수 없는 이재규 목사를 무한정 기다릴 수는 없다고 판단하였다. 더 이상 담임목사가 없이 교회가 운영될 수는 없었다. 하는 수 없이 교회는 새롭게 담임목사를 청빙하기로 결정하였다. 그는 나이가 많기에 오일봉 장로가 경남 거제도까지 가서 허덕화 목사를 청빙하였다. 이때가 1952년 7월 6일이었다. 이 일에 그가 관여한 것으로 보인다. 허덕화 목사도 그와 같은 이북 출신이고 3.1운동과 관련된 사람이고 평양숭실학교를 수학한 평양장로회신학교 출신의 인재였다. 허덕화 목사는 이북 철산읍교회 담임목사 시절, 일제의 갖은 탄압을 극복하던 중 해방을 맞이하였다. 해방 후 공산치하에 평북노회장을 역임하였고, 1950년 6.25전쟁 시 피신해 있다가 12월 북한에 진주했던 국군의 뒤를 따라 후퇴하여 경남 거제도에 머물던 중이었다. 허덕화 목사는 그 어떤 것보다 하나님 중심의 기도와 깊이 있는 성경 말씀을 잔하는 일에 힘을 기울였다. 허덕화 목사가 강조하는 기도운동과 성경 말씀 증거에 그는 적극 협력하였다. 이때는 위로가 필요한 때였다.

　1951년 6월 10일에 황등교회에는 하나님의 선물이 전해졌다. 이것은 저 멀리 미국에서 건너온 종이었다. 이 종은 1884년 미국에서 제작된 종으로 리스퍽제일교회에서 사용하던 종을 미국 유학중이던 계일승이 교회에 요청해서 기증을 받게 된 것인데 중간에 6.25전쟁으로 일본에 머물다가 이 날 전해진 것이었다. 종소리는 위로와 희망이었을 것이다. 그는 종소리를 들으면서 위로를 받고, 새 희망으로 다시금 교회를 섬기는 일에 매진하였다. 계일승은 황등으로 돌아오지 않고 일본에 머물다가 대구에서 임시로 속개된 장로회신학교 교수로 갔다가 서울로 옮겨가서 장로회신학교를 장로회신학대로 개편하는 일을 해나갔다.

마지막 불꽃으로 지역사랑, 교회사랑

황등교회 청년들은 오래전부터 학교설립에 대한 열망이 강했다. 그러나 여건이 허락지 않았다. 1950년 황등국민학교에 병설로 황등고등공민학교가 있었으나 그 해 6.25전쟁으로 폐교되었다가 다음 해에 황등교회로 피난 온 김영식이 조길동의 집터에서 재개하다가 김영식이 고등공민학교를 다른 지역으로 옮겨 운영하다가 황인묵이 맡아 운영하였다. 황등교회는 사설 중학원을 설립하여 운영하였다. 이런 움직임에 그는 소극적이었다. 그는 교회 본연의 일에 충실하는 게 맞는다고 여겼다. 일제강점기에 교회를 섬겨온 그로서는 교회 존립 자체만도 늘 무거운 과제였고 아픔이었다. 그런데 교회가 학교를 설립하고 운영한다는 것은 그만한 준비와 힘이 있어야하는데 황등교회는 그럴 힘도 인재도 부족한 게 사실이었다. 그런데 부득불 학교를 설립하자는 생각들이 있었다. 이들은 배움에 한(恨)이 있었다. 그는 이들의 한을 잘 알고 있었기에 결국 자신의 생각을 뒤로하고 이들의 뜻에 협조해주었다. 이것이 그의 인격이었다.

자신과 생각이 달라도 자신보다 배움이 낮고 나이가 어린 이들에게 양보할 줄 알았다. 청년들은 학교설립에 교육당국으로부터 불가판정을 받은 이후 그의 이름으로 학교인가신청서를 내려고 하였다. 그 이유는 법인설립 대표자의 학력과 경력과 재력을 기재하는데 그의 이력이 아무래도 유리하였기 때문이다. 그 당시 그를 견줄만한 이력을 갖춘 사람이 없었다. 또한 그가 학교설립에 찬동하고 함께하니 그동안 학교 설립과 운영에 소극적이었던 교인들도 참여하게 되었다. 이렇게 그가 함께하게 되면서 학교인가신청은 전교인이 합심하는 분위기 속에서 진행되었고 인가도 받게 되었다.

학교 인가신청서 제출에 앞서 자체 정관에 의해 임원이 선출되어야 하기에 "재단법인 황등학원 창립총회"를 1960년 4월 5일 황등학원 사무실에서 개회하였다. 이때 출석자는 오일봉, 계원식, 동상순, 김판옥, 조길동, 전백년, 옥판석, 박인석, 김영완, 오순애였다.[141] 이어서 재단법인 설립을 위한 발기인과 이사진을 구성하였다. 이 일로 그는 황등기독학원 초대이사가 되었다.

그는 이제 황등교회가 자신이 아니더라도 후배들이 잘 운영하고 섬길 수 있다고 보았다. 그는 자신이 교회의 설립부터 오늘날까지 운영의 주체로서 헌신해온 공로를 드러내려 하지 않았다. 그는 늘 자신보다는 후배를 높이고 후배들과 협력하기를 즐겨한 사람이었다.

그가 마지막으로 역점을 두고 추진한 일이 있다. 그것은 멀리 농촌지역에 교회를 세우는 일이었다. 그러나 그는 이제 나이가 많고 재산도 많지 않았다. 그가 33세에 황등으로 올 때 가져온 그 많던 재산은 교회를 섬기고 지역을 섬기느라 없어졌다. 그러나 그는 자신이 꿈꾸고 바라는 일을 해낼 수 있었다. 그것은 그의 학력과 경력과 재력이 아니었다.

그의 주변에는 언제나 청년들이 넘쳐났다. 이것이 그의 힘이었다. 그와 깊은 사귐을 가진 청년들은 모두가 철저한 신앙인들

---

141 『재단법인 황등학원 창립총회록』(1960년 4월 5일)을 김수진, 『황등교회 60년사』, 226쪽 재인용.

이었다. 그를 따라 고향인 군산 구암교회를 떠나 황등에 와서 동련교회를 거쳐 황등교회를 창립할 때 함께 한 양기철, 동련교회에서 황등교회 분립을 반대하다가 황등교회에 가족이 모두 옮겨와서 평생을 함께한 오일봉, 그가 전도한 사람으로 충남 논산에서 이주해 와서 그 누구보다 성실하게 일해서 번 돈으로 교회와 지역사랑을 실천한 김희갑, 충남 부여에서 이주해 와서 나라사랑을 실천한 변영수, 그의 차남 부부를 찾으러 갔다가 유명을 달리한 백계순 등이 있었다. 그늘이 넓은 나무 밑에는 새들이 모이고 가슴이 넓은 사람 밑에는 사람들이 모인다. 사람을 얻을 때 욕심으로 얻을 수도 있고 마음으로 얻을 수도 있다. 욕심으로 얻으면 그 사람의 욕심을 얻고 마음으로 얻으면 그 사람의 마음을 얻는다.

그는 마음이 깊은 사람이다. 마음이 깊은 사람은 도저히 이해할 수 없는 사람까지도 사랑할 줄 안다. 그 이유는 이해할 수 없는 사람들의 잘못까지 담을 수 있을 만큼 마음의 그릇이 깊기 때문이다. 마음이 얕은 사람은 양재기나 냄비가 요란하듯 무얼 하면 소리가 많이 난다. 마음이 깊지 못하면 어디서나 시끄럽다. 그냥 넘어갈 수 있는 사소한 일도 꼭 한소리 하고 넘어가기 때문에 그렇다. 안 나도 될 소리까지 말이다. 마음이 깊은 사람은 말 한마디 안하는데도 왠지 상대가 묵직하고 믿음이 가서 그냥 믿어진다.

그에게는 아들과 같은 두 사람의 농촌선교사가 있었다. 이들로 인해 그의 마지막 지역과 교회사랑은 정점에 이르게 되었다. 그들은 그가 농촌선교사로 파송한 김은기와 이대호였다. 이들은 그를 친아버지처럼 따랐고, 스승으로 여기면서 깊이 존경하였다. 이들은 그를 위로하면서 새 힘을 불어넣은 양아들과 같았다. 그는 자신의 소중한 며느리 안인호를 하늘나라로 보냈고, 장남을 전쟁이후의 어려움에 처한 장로회신학교 교수로 보낸 상황에서 새로운 일을 펼쳐갈 것을 결심하였다.

그는 우리나라에 복음을 전해준 기독교 선진국가들의 은혜와 6.25전쟁에 참전한 국가들과 값없이 사랑의 종을 전해 준 은혜를 의미 있게 여겼다. 그는 거저 받은 복음과 복을 전해야한다고 여겼다. 그는 믿고 따르는 두 사람을 불러 이런 뜻을 전하였다. 그리고는 자신을 떠나 어렵고 힘든 농촌 지역에 가서 교회를 설립해줄 것을 권면하였다. 놀랍게도 이들은 믿음의 아버지인 그의 뜻에 그대로 순종하였다. 어렵고 힘든 길을 걸어갔다. 이 순종은 결코 쉬운 일이 아니었다.

김은기는 계원식과 같은 평양 출신으로 농촌부흥운동과 독립운동을 하다가 고초를 겪은 사람이었다. 1950년 6.25전쟁 당시 맥아더 장군의 인천상륙작전의 성공으로 패주하던 공산군은 새로이 참전해 온 중공군과 합세하여 전투는 더 치열한 격전으로 변하는 상황이 되어 버렸다. 우리 정부는 수도 탈환과 평양점령의 꿈은 빼앗긴 채 다시 서울을 거쳐 남하하는 비운을 겪어야 했다. 역사는 이것을 1951년 1.4후퇴라고 부른다.

김은기는 1951년 1월 4일 1.4후퇴 시 월남하여 1951년 전주 고아원에 재직하다가, 전주 사랑의교회를 설립하였다. 김은기는 그의 차남 계이승을 통해 시계제작 기술을 배우기도 하면서 고향 선배인 계원식의 집에 드나들었다. 그러면서 그를 아버지처럼 따랐다. 김은기는 1953년 12월 13일 그의 권면으로 당시 월남한 이북출신들이 모여 살던 황등 농원지역에서 36명을 전도해서 후생농원 사무실을 빌려 예배드렸다. 이것이 농원교회(현재, 황등신흥교회)의 창립이다. 김은기는 1966년 9월 1일 계원식과 함께 이 교회를 군산노회에 가입시켰다. 그 후 1960년 충남 대덕군 유성면 구성리에 농원교회를 설립하고는 다시 황등으로 돌아와, 1968년 10월 27일 도촌교회(현재, 흰돌교회)를 설립하였다. 1981년 12월 13일 김은기의 오랜 동지인 이대호와 함께 도촌교회 초대 장로로 임직하였다.[142] 1994년 3월 1일 김은기의 장례는 김은기

---

142 김수진, 『황등교회 60년사』, 417-418쪽 참조; 『황등 지역 교회 연혁』(2009년 2호), 「황등신흥교회 연혁」, 43쪽; 『황등 지역 교회 연혁』(2009년 2호), 「흰돌교회 연혁」, 62쪽; 이대호 작성, "조사"(김은기 장로 약력), 『교회 연합(황

 작은 불꽃, 기성 계원식의 삶과 신앙

가 설립한 황등신흥교회와 황등신흥교회에서 분립한 번영교회와 김은기가 이대호와 함께 설립에 주도적인 역할을 한 흰돌교회로 3개교회가 연합으로 진행되었다. 이날 조사(弔詞)는 김은기의 평생지기 이대호가 썼고, 낭독은 이대호의 아내 김금자가 맡았다. 이대호가 쓴 조사에는 김은기를 가리켜, 황등교회 박긴호 권사의 말을 인용해서 '세례요한 같은 분'이라고 하였고, 이리 신광교회 안경운 목사의 말을 인용해서 '성자'라고 하였다.[143]

이대호는 황등면 황등리 시북에서 출생하였다. 어머니를 3살 때 여의고, 가난한 유년시절이라 홀아버지 밑에서 겨우 계동학교에 입학하였다가 황등국민학교 4학년을 수료한 것이 공식적인 정규교육을 받은 전부였다. 이대호는 6.25전쟁 당시 기혼자임에도 자청해서 육군에 입대한 애국청년이었다. 이대호는 그의 차남 계이승을 통해 시계제작 기술을 배웠다. 이대호는 동경국제음악학교를 수료한 계이승과의 친분으로 음악도 배울 수 있었다. 이대호는 타고난 영민함과 성실함으로 나팔, 트럼펫, 코넷을 독학으로 연마할 정도로 음악분야에 뛰어난 재능을 보였다. 트럼펫과 코넷을 가지고 전북은 물론 충남북 일원에 걸쳐서 부흥회 때마

등신흥, 번영, 흰돌) 장례식』(1994년 3월 1일) 참조.
143 이대호 작성, "조사"(김은기 장로 약력), 『교회 연합(황등신흥, 번영, 흰돌) 장례식』(1994년 3월 1일) 2쪽 참조.

다 '하나님의 나팔소리'를 불러서 찬양을 올렸다. 이대호는 정규 신학교육을 받지 않았지만 성경을 깊이 묵상하고 기도하고 악기 연주를 해가면서 목회를 하기도 하였다. 함라교회 전도사로 시무하였고, 황등신흥교회 초창기 기초를 닦았고, 1981년 12월 13일 김은기와 함께 도촌교회(현 흰돌교회) 초대 장로로 임직하였다.

이대호는 전국교회를 다니면서 유명한 '바늘꼬지 전도'로 모금활동을 전개하여, 도촌교회 부지와 교회당 및 목사관 건축을 완공하였다. 그 후 황등면 삼거리에 '갈보리교회'를 설립하였고, 2000년 4월 13일 전교인과 함께 황등교회에 통합하면서 대지 78평과 5,400만원을 헌금하였다. 이대호는 믿음의 아버지 그의 권면에 따라 믿음의 고향인 황등교회를 떠나 수많은 농촌교회를 개척하고, 섬기고, 전도활동을 하다가 이제야 고향에 돌아온 것이다.[144]

그의 농촌 교회 설립운동을 본받아 황등교회는 1953년 5월 3일 팔봉전도소를 삼성교회로 분립하였고, 1958년 12월 17일 농원교회를 김은기의 요청으로 황등교회 지교회(支敎會)로 가결하였다. 12월 23일 농원교회에서 오일봉이 예배를 인도하고, 김

---

144 김수진, 『황등교회 60년사』, 421-423쪽 참조; 『황등 지역 교회 연혁』(2009년 2호), 「황등신흥교회 연혁」, 43쪽; 『황등 지역 교회 연혁』(2009년 2호), 「흰돌교회 연혁」, 62쪽; 석춘웅 초안 작성, "조사"(이대호 장로 약력), 『황등교회 장례식』(2009년 2월 28일) 참조.

희갑이 황등교회 지교회임을 선포하였다.[145] 오늘날 황등신흥교회는 황등교회 지교회에서 독립해서 지역복음화에 힘쓰고 있다. 그는 1959년 황등교회 성전건축기성회 회장이 되었다. 이 일을 마지막 교회봉사로 여겨 성실하게 이 일을 해나갔다. 그는 1964년 황등교회당이 완공되도록 하는 초석을 놓았다.

1969년 4월 29일 그는 심신이 쇠약해지자 교회에 폐를 끼칠 것을 염려하여 장남인 계일승이 거주하던 서울 장로회신학대 학장 사택으로 이주하였다. 그후 1970년 2월 17일 노환으로 향년 83세의 일기로 별세하였다. 그가 별세했을 때, 한국의 선교사들과 목사들이 많이들 조문을 하였다. 장남 계일승은 장로회신학대를 위한 후원요청으로 수시로 미국의 교회와 기독교단체에 다니다보니 그의 임종을 지키지 못하였다. 차남인 계이승이 서울 남대문교회 장로로서 임종(臨終)을 지키고 장례절차를 밟았다. 그의 장례는 장로회신학대 강당에서 치러지고, 시신은 서울 남대문교회 수원동산에 안장되었다가 후에 황등교회 묘지로 이장되었다. 황등동산에는 1950년 6.25전쟁 당시 순교한 그의 자부 안인호, 그의 아내 이자희, 그의 장남 계일승도 안장되어 있다. 그는 30대 초반에 황등에 이주한 이후 인생의 황금기를 황등지

---

145 김수진, 『황등교회 60년사』, 479쪽, 482쪽 참조.

역과 황등교회에 바쳤다. 그는 진실로 황등지역과 황등교회를 사랑하였다. 그는 늘 교회를 사랑하였다. 겨울엔 교회에 가서 난로를 피우고는 출구 옆에 앉아서 오는 이들을 반갑게 맞이하였다. 집으로 돌아와서는 병원에 일하는 사람들이 있었지만 자신이 빗자루를 들고는 찬송가를 부르면서 마당의 눈을 쓸곤 하였다.

22

—

그의 신앙, 그의 삶

그는 격동하는 한국 현대사 속에서 한 생애를 몸으로 뜨겁게 산 사람이다. "시대가 인물을 만들고 인물이 시대를 만든다"는 말이 있다. 사람은 그가 살았던 시대와 분리될 수 없다. 사람은 시대 속에서 세상의 영향을 받으며 성장한다. 그러나 사람은 시대를 만든다. 시대를 만드는 사람은 꿈을 꾸는 사람이다. 한 사람의 생애는 시대와 함께 변한다. 역사의 제단 앞에서 향기로운 산 제물로 자신을 하나님께 드린 그의 경건한 삶은 어떠한 근거에서 실천되었는가?

그는 앎과 삶이 둘이 아니라 하나였고, 신앙과 생활이 또한 하나였다. 그는 기도로 호흡하고, 성경으로 양식을 삼아, 겸손과 성실과 감사 충만으로 찬송이 끊이지 않는 경건의 실천자였다. 그는 철저한 장로교신앙의 토대 위에서 자신의 인생관과 가치관을 정립해나간 사람이고 이를 실천한 사람이었다. 그는 땅의 나라를 잃은 슬픔을 하늘나라를 얻은 기쁨으로 채워갔다.

그의 신앙관은 장로교 신앙의 기틀이 되는 칼뱅주의의 예정론은 철저한 하나님 주권의 확신에서 출발한다. 구원의 근거가 내 믿음과 내 행위에 있는 것이 아니라 하나님의 절대주권에 있기에 어떠한 자기 의(義)나 공로(功勞)를 자랑할 수 없다. 삶의 모든 계획과 과정도 하나님의 예정과 섭리 안에 있기에 때때로 고난과 시련이 닥쳐와도 '왜'라는 질문을 하나님께 할 수 없다. 왜냐하면 이해하지 못하지만 하나님의 깊고 오묘한 뜻 가운데서 모든 것이 이루어진다고 믿기 때문이다. 그러니 지금 당장의 불행에 절망할 필요가 없다. 또한 지금 당장의 행복에 자만할 필요도 없다. 모든 것이 하나님의 시간 역사 속에서 흘러갈 뿐이다.

그는 자신이 하나님을 선택한 것이 아니라 하나님이 자신을 선택하셔서 그를 민족을 십자가의 길로 이끄셨다고 확신하였다. 그러므로 그는 넓은 문이 아닌 좁은 문, 영광이 아닌 고난의 길

그것이 그가 마땅히 걸어갈 십자가의 길, 생명의 길이라고 여겼다. 그는 죄인인 자신을 예수님의 십자가 보혈로 구원받음과 부족한 자신과 함께해주시는 사랑에 감사하면서 살았다.

하나님은 홀로 계셔도 부족함이 없는 완전하신 분이시지만 하나님은 사람을 찾아 만남을 원하는 분이며 인격적인 사귐을 통해 이루어 가시는 분이시다. 하나님과의 만남과 사귐은 기도와 성경을 통해 이루어진다. 그는 기도와 성경을 통해 말씀하시는 하나님을 찾았다. 기도는 하나님과의 만남이고 대화이다.

그는 성경(聖經)을 유일한 하나님의 계시의 책일 뿐만 아니라 자신의 신앙과 행위의 정확하고 오류가 없는 유일한 법칙이라고 믿었다. 그의 삶은 성경이 말하는 대로 말하고 성경이 행하는 대로 행하는 것, 그것이 그가 추구한 최고의 가치였다. 하나님의 말씀인 성경은 사람을 변화시키고, 그 변화된 사람은 세상을 변화시킨다. 말씀의 영성은 성경 안에서 말씀하시는 하나님의 음성을 듣는 데서부터 시작한다. 성경은 우리에게 하나님을 보여주는 책이며 또한 구체적으로 예수 그리스도를 그 말씀으로 저시하는 기록된 계시이다.

예수님을 믿고 기독교인이 된다는 것은 무엇인가? 예수님의 가르침을 배우고 본받아 가는 것이지만 궁극적으로 예수님과 하나가 되는 것이다. 예수님처럼 생각하고, 행동하고 살다가 죽는 것이다. 일제식민지의 억압받는 민족과 고난 받는 백성을 예수님처럼 사랑하고 예수님처럼 살다가 죽는 것이다. 이 하나 됨은 단순히 심리적으로만 하나 됨이 아닌 예수님이 철저히 자기를 부인하고 타인을 존중하고 사랑하였듯이 자신의 모든 기득권을 포기하고 이 땅의 사람들과 함께하는 삶이었다. 그에게 가장 귀한 사람은 높은 사람, 가진 사람, 많이 배운 사람이 아니라 식민지하에서 빼앗기고 억압당하는 가난하고 병든 사람들이었다.

그는 단 한 번도 교회를 떠난 적이 없었다. 아버지를 따라 평양 장대현교회를 다녔고 세례를 받고 교회를 죽기까지 섬겼다. 그런 그가 생각한 교회는 무엇이었을까? 그가 생각하는 바른 교회는 어떠한 모습인가?

그는 만남을 소중히 여겼고 사귐에 진실하였다. 인생은 만남의 연속이고 사람은 누구를 만나느냐에 따라 그 인생이 달라진다. 하나님과의 만남이 있을 때 그곳에 화해와 일치 그리고 해방의 기적이 일어난다. 교회는 만남의 가장 중요한 수직적 만남, 즉, 내 선택이 아닌 하나님의 은총의 선택인 하나님과의 만남을 선포하고 그 만남의 기쁨을 기념하고 그것을 전파하는 것이 본질적인 사명이라고 믿었다. 하나님과의 만남은 사람을 증오와 미움으로부터 해방하여 사랑과 화해의 자유로운 존재로 전환하는 것이다. 하나님과의 만남은 '나'라는 자아의 좁은 세계로부터 벗어나게 한다. 그리고 나와 더불어 사는 너를 보게 하고 너와의 인격적 만남을 통해 자아의 완성을 이루게 한다. 여기에 이기적인 자아로부터 벗어나는 자유와 더불어 하나가 되는 자유가 주어진다. 그는 교회가 사람의 외모나 지위가 아닌, 한 사람의 영혼을 인격적으로 만남으로 이루어가는 진실한 사귐의 공동체라고 믿었다.

교회는 하나님의 거룩한 백성들이 모인 곳 이전에 죄인들의 공동체이다. 세상에 잘났든 못났든 부유하든 가난하든 배웠든 못 배웠든 그 어느 누구나 하나님의 은혜를 받고자 스스로 죄인이라고 인정하는 사람들이 오는 곳, 그곳이 교회이다. 이 땅에 가치척도가 거꾸로 되는 곳. 즉, 땅의 논리가 아닌 하늘의 논리가 이루어지는 곳. 이곳에서 그는 이미 자신을 향한 사랑을 버리고 하나님을 향한 사랑으로 거듭 태어났다. 그가 일생을 추구한 것은 예수 그리스도의 사랑이었다. 그는 교회를 이 땅에서 예수 그리스도가 하신 봉사의 일을 계승하여 행하는 공동체라고 생각하였다.

이 공동체는 두 가지의 기능을 감당해야한다. 하나는 오직 하나님께 영광을 돌리는 거룩한 공동체를 세우는 일이다. 또 다른 하나는 하나님을 모시고 세상에 흩어져 병들고 지친 가정과 지역과 나라를 치료하는 사명을 감당하는 일이다. 교회는 세상 속의 소금이고, 세상 속의 빛이다. 소금으로 빛으로 세상을 섬기며 세상을 변화시켜야 한다. 교회는 거룩한 장소이면서 동시에 지역사회를 섬기고 봉사하는 곳이다. 이를 위해 교회는 유일한 주인이신 하나님께 영광을 올려드리고 교인들이 기도와 성경 안에서 믿음에 굳건히 서서 세상 속으로 들어가 생활 속의 신앙인으로 세상을 위해 섬기고 봉사하도록 양육해야한다.

기독교는 자기완성을 추구하는 수행의 종교가 아니었다. 기독교는 산 위에 있는 초막 속의 종교가 아니다. 산 아래에서 고통 받는 사람들과 함께 하는 사람들의 종교, 생활종교이다. 그러므로 교회는 지역사회에 소속된 하나의 구성원으로서, 지역사회를 섬기는 일은 당연하다.

복음은 항상 봉사라는 실천으로 연결되어야한다. 믿음과 실천은 둘이 아니라 하나이다. 믿음이 보이지 않는 것으로 원인이라면, 실천은 보이는 것으로 결과이다. 우리가 몸담고 있는 현실적인 삶의 자리가 곧 믿음을 증명체이다. 믿음의 반석 위에서 빛과 소금의 사명을 감당하는 교회에 대한 가르침은 마가복음 3장 31-35절에 근거한다.

"그때에 예수의 어머니와 동생들이 와서 밖에 서서 사람을 보내어 예수를 부르니, 무리가 예수를 둘러앉았다가 여짜오되 보소서 당신의 어머니와 동생들과 누이들이 밖에서 찾나이다,

대답하시되 누가 내 어머니이며 동생들이냐 하시고, 둘러앉은 자들을 보시며 이르시되 내 어머니와 내 동생들을 보라, 누구든지 하나님의 뜻대로 행하는 자가 내 형제요 자매요 어머니이니라"

하나님을 아버지로 모신 새로운 믿음의 가족에게는 모두가 한 형제요, 자매이지, 누가 더 높고 낮음이 있을 수 없다. 그가 평신도가 활성화된 교회를 지향한 것은 목회자가 부족한 시대에 이를 극복해나간 현실적인 방안이었다. 또한 교인들 각각이 지닌 재능과 봉사의 역량을 충분히 발휘하도록 해야만 교회가 건강해질 수 있다는 생각에서였다. 그것은 지위나 권력이나 학력이나 재력이 아니다. 모두가 한 형제자매라는 공동체 정신이다.

믿음으로 하나 된 가족공동체는 무조건적으로 신뢰하고 사랑하는 공동체이다. 부모와 자식, 형제와 자매 사이에는 조건 없는 사랑과 믿음이 있다. 사랑과 믿음은 서로 돕고, 나눔을 가능케 한다. 네 것, 내 것이 따로 없이 서로가 필요할 때 힘이 되는 공동체이다. 가족공동체는 가르침과 배움의 공동체이다. 부모를 통해 삶의 지혜를 배우고, 살아가는 방법을 배운다. 부모는 스승이 되고, 자녀는 제자가 되어 선조들의 가훈과 함께 축적된 문화적 유산을 전수받는 교육이 있는 것처럼 공동체에서는 신앙과 인격의 대 잇기가 아름답게 이루어져야한다.

그는 신앙인이 믿음만이어서는 안 된다고 생각하였다. 실력을 길러 세속에서도 자기 몫을 감당해야한다고 여겼다. 이런 생각은 성경에 나오는 생활방식이기도 하다. 유대인들은 철저한 하나님 중심의 신앙교육을 바탕으로 1인 1기술교육을 강조한다. 예수님도 목수의 아들로 목수의 일을 하셨고, 바울도 선교활동을 하면서 천막을 만드는 일에 종사하기도 하였다. 이렇듯 전문적인 기술을 통해 유대인들은 무려 2천여 년 동안 독립된 국가가 없었지만 전 세계에 흩어져 살면서도 생활을 유지하고 사회지도층이 될 수 있었다. 그가 나온 야소교소학교는 성경을 비롯하여 서양의 근대적인 지식을 두루 가르쳤다. 그는 기성측량학교를 다녔다. 측량은 정확성이 핵심인 분야이다. 그는 경성의학전문학교를 졸업하였고, 자신의 장남을 연경대학 피혁과에 보냈다. 이처럼 그는 신앙의 토대 위에 실용학문을 배워서 그것을 통해 자아실현과 사회에 이바지해야 함을 분명히 하였다.

그는 신앙이 실천으로 드러나야 한다고 여겼다. 오늘날 한국교회는 복음적인 신앙이 개인의 신앙에 머물러 신앙의 내면화에 그쳐, 이웃과의 화해나 교회일치에 관계가 없는 경우가 많다. 이것이 신앙적 독선으로 분쟁과 교회분열로 몰아가는 경우가 많다. 신앙이 좋다는 것이 어떤 의미에서는 독선적이고 편협하다는 것과 같은 의미로 받아들여지기도 한다. 그러다보니 분쟁과 분열로 얼룩져 사회의 손가락질을 받고 있기도 하다. 예수님은 스스로를 이 세상에 생명을 주고, 풍성히 얻게 해주기 위해 오신 한 알의 씨앗으로 비유하셨다. 한 알의 밀알이 땅에 떨어져 싹이 나기까지는 밀알 자체만으로 이뤄지지 않는다. 밭을 갈아 거름을 주고 씨앗을 뿌리는 자가 있어야 하고 묻어 주는 자, 물을 뿌리는 자가 있어야 한다. 열매 없는 나무를 저주하신 예수님은 오늘도 우리를 향해 '네 열매를 보이라'고 명령하신다. 그는 참된 신앙은 자신의 내면세계의 변화에서 멈춰선 안 되고, 그것이 새로운 삶의 방식으로 확산되고, 더 나아가 새로운 사회개혁으로 나가야한다고 생각하였다.

23

—

사람향기 가득한 계원식

그를 가까이 접해 온 많은 사람들은 그를 철저한 기독교신앙에 기초한 성실한 사람이었다고 말한다. 잠깐의 자투리 시간도 그냥 흘려버리는 법이 없었다. 그에게 게으름을 피우거나 시간을 낭비하는 일은 죄악이나 마찬가지였다. 하루의 일상 가운데 아침에 일어나 세수를 하고 나면 결코 자세를 흐트러지게 하는 법이 없었다. 저녁 잠자리에 들어가기까지 항상 단정히 앉아 성경을 읽고 기도하고 신문을 보거나 책을 보았다. 사색하고 관찰

하는 습관은 인간의 지적 성장을 위한 촉진제이다. 그는 조경(造
景)에 많은 시간을 보냈다. 일제강점기 농촌마을인 황등에서는
나무를 심고 가꾸는 것에 대한 여유가 없었고, 그런 지식도 없었
기에 이런 그의 모습은 인상 깊었다. 그는 자신의 집에 크지는
않지만 정성을 다해 정원(庭園)을 만들어 그의 집에 드나드는
이들의 시선을 끌었다. 그는 틈 내는 대로 집 안의 정원을 가꾸
고, 황등교회에 많은 나무를 심어 나무 가지들을 손질하느라 수
시로 황등교회에 가곤 하였다. 그가 쓴 것으로는 〈기독신보〉에
1921년 7월 7일부터 1922년 4월 6일까지 "유대풍습"을 1회부터
34호에 걸쳐 연재하였고, 같은 신문에 1922년 10월 5일과 11월
1일에 "의원 아내 병을 고치다"를 1회와 2회 연재한 것이 대표적
인 것이다.[146]

오늘날 한국교회와 지도자들이 맘몬주의[147]에 사로잡혔다는

---

146 〈기독신보〉 "유대풍습"(1회부터 34호, 1921년 7월 7일부터 1922년 4월 6일), "의
     원 아내 병을 고치다"(1호와 2호, 1922년 10월 5일과 11월 1일).
147 맘모니즘(mammonism)이란 부, 돈, 재산, 소유, 재물, 물질을 절대시하거나,
     그것에 최고의 가치와 의미를 부여하는 태도나 행위를 의미한다. 맘모니즘
     은 물질만능주의, 배금주의, 물신숭배 풍조를 나타내는 용어이기도 하다.
     2천년 기독교 역사를 보면 교회는 가난할 때 영적으로 충만했지만, 부유해
     지면서 영성을 잃었다. 가난하지만 몸과 마음과 영혼을 깨끗이 하여 신앙을
     지키는 것을 미덕으로 삼았던 초대교회는, 4세기에 기독교가 국가 종교로
     공인되자 몰수당했던 재산을 돌려받고 경제적 특혜도 누리면서 부를 누리기
     시작했다. 전에는 박해가 교회에게 바치는 헌금이었고, 순교가 교회의 자산

비판을 받고 사회로부터 외면을 받기도 한다. 그의 검소함은 오늘날의 지도자들을 부끄럽게 한다. 그는 자신을 위해 사용하는 돈은 매우 아꼈으나, 자녀들의 교육비나 교회나 지역사회를 위한 일에는 아낌없이 내주었다. 그가 아버지로부터 물려받은 재산과 그가 의사로서 번 돈이 적지 않은 재산이었을 것이나 기부와 나눔으로 쓰고 말았다. 그는 돈을 버는 일보다는 가치 있게 쓰는 일에 즐거움을 느꼈던 것 같다.

그의 인간적 성실성은 대인관계에서도 잘 드러난다. 그는 사람과 사람의 만남과 사귐을 중시하였고 이에는 진실해야한다고 여겼다. 사람의 만남에서 자기 본위의 주인의식을 가져서는 안 된다. 이것은 하나님 앞에서 모두가 평등한 형제와 자매라는 인격적 만남이 아니다. 타인을 지배하고 조정하는 도구적 만남이

이었으며, 가난이 교회의 영적인 부였다. 그러나 물질적으로 부유해지고 정치적으로 힘이 커지면서 더욱 돈과 권력을 탐하게 되었고, 결과적으로 교회는 영적인 능력을 상실했다. 돈으로 성직을 매매할 뿐만 아니라 심지어 중세기에는 면죄부를 판매하기까지 했다. 면죄부 판매는 돈으로 성령의 은사(恩賜)를 살 수 있으며 구원을 이룰 수 있다는, 즉 돈이면 안 되는 것이 없다는 맘모니즘의 극단적 사례라고 할 수 있다. 이것은 결국 종교개혁의 도화선(導火線)이 되었다. 개신교도 맘모니즘으로부터 자유롭지 못했다. 개신교 교회가 점점 커지면서 그 교회도 제도화되기 시작했고, 이렇게 제도화된 교회는 점차 부유해졌다. 이러한 부는 교회로 하여금 물질 가치를 더욱 사랑하게 만들고 돈에 의지하게 만든다. 이 과정은 교회가 영적, 도덕적 능력을 상실하는 과정이라고 할 수 있다.

다. 그러하기에 그가 교회 일에서 모든 의사결정과정이 설령 더
디고 어렵다 할지라도 소수의 의견까지도 귀담아 듣고, 민주적
인 절차와 과정을 소중히 여기는 이유가 여기에 있다.

　나와 다른 것은 틀린 것이 아니다. 오히려 다르기에 서로 배
움을 통한 자기 성장과 성숙한 관계로 발전이 있다. 그는 자기주
장만을 강조하여 절대적으로 옳다는 생각을 하지 않았다. 나만
옳은 것이 아니라 너도 옳을 수 있고, 나도 틀릴 수 있다는 사람
의 한계를 그는 알고 있었다. 그의 이러한 사람됨은 오늘날 우리
사회와 교회가 배울 소통과 공감의 자세이다. 오늘 우리 사회는
경쟁에서 협력으로, 성장에서 성숙으로, 지시에서 자율로, 통제
에서 자치로, 개인책임에서 공동책임으로 전환되는 시대를 맞고
있다. 아주 오래 전에 이미 이런 사람됨을 보여준 그의 모습은
늘랍다.

　그는 사람과 사람의 관계는 평등해야한다고 생각하였다. 개
별적인 존재로서 사람은 지위나 학식, 재산과 성별의 차이가 있
다할지라도 그것이 인격적 만남의 관계에서 권력관계로 형성되
어서는 안 된다.

　모든 사람을 진심으로 대했고, 언제나 예의를 잊지 않았다.
허물없이 가까운 사이의 친구일지라도 흐트러진 태도로 임하는
일이 없었고, 특히 상대방의 지위나 사회적 명예를 인간적으로

소중히 여기는 자세를 잊지 않았다. 누구를 대하든지 진실과 존경심을 잃지 않았다. 심지어는 가족들을 대할 때도 흐트러짐 없는 태도를 유지했다.

진심으로 다른 사람을 대하는 사람은 훌륭한 사람이다. 귀로는 남의 이야기를 들을 줄 알고, 머리로는 남의 행복해 대해서 생각할 줄 알고, 마음으로 함께하는 사람은 더욱 훌륭한 사람이다. 이상적인 인간 형성을 위해 성실과 책임감은 바람직한 사람됨이다. 그러나 여기에 성급하지 않은 성격까지를 갖춘다면 더 바랄 것이 없다. 그는 그런 사람이었다. 그는 언제나 오래 참을 줄 알았고 신중했고 침착했다.

그는 겉으로 화려하고 안으로 부족한 이들과는 달랐다. 그는 공부를 많이 한 사람이었고, 사회지도층인 직업과 교회 핵심적인 지도자였지만 자신이 아는 것을 드러내지 않았다. 어느 정도를 아느냐 그것이 중요한 게 아니다. 아는 것을 어떻게 활용하고 자신의 사람됨으로 드러내느냐 이것이 중요하다. 그는 지나칠 정도로 대외활동을 통한 자신의 권력과 명예와 재력을 누리려 하지 않았다.

그는 언제나 온유하고 겸손하여 그 어디서나 앞자리에 앉거나 무슨 자리를 탐내지 않았다. 그것은 그의 마음속에 이미 하늘과 땅의 주인이신 하나님이 앉아 계셨기 때문이다. 그가 교회에서나 노회나 교단이나 지역사회 어디를 가나 앞서지 않고 자리를 탐하지 않은 것은 하나님의 사랑에 만족하였기 때문이다. 그가 있었던 곳에는 언제어디서나 화해가 있고 평화가 있었다. 그는 그저 조용히 자신의 주어진 일에 충실하였다. 그는 자신의 말을 많이 하기 보다는 남의 말을 즐겨들었다.

그는 온화한 성품이었다. 그의 목소리가 항상 작았다. 하늘과 땅이 울리도록 하는 남자다운 목소리의 소유자가 아니었다. 엘리야가 작고 세미한 가운데 하나님의 음성을 들었듯이 그도 그런 음성을 듣고 거기에 따라서 살았다. 최고의 언변(言辯)은 마치 말을 더듬는 듯하다고 한다. 말을 잘한다는 것은 아는 것이 많아서 말을 많이 하는 것이 아니다. 적게 말해도 듣는 사람이 신뢰하게끔 하는 것이 최고이다. 화려한 언어를 동원하거나 청산유수로 이야기하지 않더라도 자기의 말을 진정성 있게 받아들이게 하는 경우가 최고이다.

그는 자신의 가족을 소중히 여기고 자신이 만나는 모든 사람을 귀하게 여겼다. 그는 사람을 만나면 자신이 말을 많이 하기보다는 귀를 기울여 들어주었다. 사람을 있는 모습 그대로 보고 대했다. 이처럼 그는 겸손한 사람이었다.

그는 협력의 실천자였다. 그의 삶에서 쉽게 찾아볼 수 있듯이 그는 혼자서 일을 주도하기보다 더불어 함께 일을 해나가는 협력의 지도력을 발휘하였다. 그는 늘 아내 이자희와 함께 하였고, 그의 아들과 딸들과 며느리 등의 가족이 함께하였다. 그는 딸 계대승이 평양숭의전문 다닐 때 피아노를 배웠다. 피아노를 치는 딸을 흐뭇하게 여겨 촛불을 들고 연습하는 그의 딸 곁에 앉아 있곤 하였다. 이처럼 그는 음악을 중요하게여겼고, 가족을 사랑하고 다정다감한 사람이었다. 그의 외손녀 조혜자는 방학 때마다 황등에 오면, 언제나 그의 부부 방에서 함께 잤다. 그는 방학 때마다 자전거 뒤에 외손녀를 태우고는 황등역에 가서는 방학에 들렀다가 떠나가는 신학생들에게 봉투를 건네곤 하였다. 그는 또한 동련교회 장로로 백낙규와 황계년과 3총사로 불릴 정도로 협력하였다. 그는 평생을 목사를 돕고 후배를 세우고 후배들과 협력해 나갔다. 그러다보니 어찌 보면 그의 업적이 두드러져 보이질 않는다. 명확하게 그가 해낸 일이 잘 드러나지 않는다. 또한 그는 권력과 명예를 탐하지 않아 명확한 종교적 사회적 직책이 없다. 그렇게 보면 위인전에 등장할 만한 화려한 대상이 안 되는 것 같다. 그러나 잘 보면 오늘날의 황등 지역에 알게 모르게 그의 손때가 묻어 있고 그의 피와 땀과 눈물이 묻어 있다.

그는 자신의 학력과 지위와 나이와 경력을 내세우지 않았다. 또한 그는 자신의 신앙과 지식과 재능과 재산을 자신의 것이라고 여기지도 않았다. 아낌없이 다 내어주는 삶이었다. 그의 삶과 신앙과 정신은 이 땅에 작은 씨앗이 되어 고운 빛깔과 향기로 아름답게 피어났다.

　사람은 자신의 지위와 신분, 체면만 중시해서는 안 된다. 아무리 대단한 영예도 착실한 행동이 뒤따르지 않으면 인정받거나 존중받을 수 없다. 아무리 직함이 길어도 마지막은 자신의 이름으로 끝난다. 모든 사물은 그 효용을 다하는 것에 집중하고 사람은 매 순간 진실해야 성공할 수 있다. 그렇다. 이름으로 시작하고 이름으로 끝난다. 이름이 자랑이고 명예이다. 역사이고 유산이다. 사람은 이름값을 하기 위해 살아간다. 매 순간 진실에 집중하며 사는 것이 자신의 이름값을 높이는 것이다. 그는 평생 자신의 존재를 높이거나 자신이 한 일에 대해 자랑을 하지 않았다.

　독립을 되찾은 인도의 정치는 네루를 계승했다. 하지만 인도 국민은 네루보다 간디의 정신을 더 높이 받들고 있다. 앨버트 슈바이처 박사보다 더 훌륭하고 큰 병원을 운영한 사람들은 많이 있다. 그러나 슈바이처 박사는 위대한 사랑의 실천자로서 지금도 존경받고 있다. 우리가 간디나 슈바이처를 존경하는 이유는 그들의 학력과 경력과 남긴 업적이 아니다. 그들의 '위대한 정신적 유산' 때문이다.

　비록 그가 세계역사나 한국역사에 길이 빛날 업적을 남긴 것이 뚜렷하지 않고, 일제강점기에 일제에 순응하고 해방 후 분명하게 이를 참회하지 않은 부족함이 있지만 그의 삶과 신앙과 헌신은 오늘 우리가 되새겨볼 소중한 문화유산이요, 역사임이 분명하다. 그의 신앙과 삶은 너무도 고결해서 가까이하기에는 부담스러운 경외감이랄까 그런 것이 없어서 부족하고 연약하기에 가까이에서 사는 이웃 아저씨 같고 우리의 모습 같기도 하다. 그래서 그에게는 사람향기가 묻어나서 좋다.

그는 특별히 자서전을 남기지도 않았고, 그의 손자 계지영의 말에 따르면 자신의 집안은 이름을 드러내고 하는 것을 즐거워하지 않는다고 하였다. 그는 그저 조용히 살다가 하늘나라로 갔기에 자신에 대한 책이 나오고 기념하는 행사를 원하지 않을 수도 있다. 비록 그 자신은 당연한 것을 한 것이라고 하지만, 그의 사랑을 입은 사람들에게 그것은 무엇으로도 갚을 수 없는 큰 은혜였던 것이다. 그의 신앙과 삶은 그만의 것이 아니다. 그의 신앙과 그의 삶은 오늘 우리를 있게 하였다. 그러기에 그를 잊지 않고 되새기는 뜻으로 그를 기념하는 선교대회가 2회에 걸쳐 펼쳐졌고, 황등교회 앞마당에는 그를 기념하는 큰 표석이 세워져 있고, 그를 기념하는 화해문예제전이 3회를 이어오고 있다.

　한 인물에 대한 업적을 중심으로 서술하는 전기문은 인물의 추앙할 요소들을 찾아내고 이를 부각하는데 초점을 두어야한다. 그런 점에서 이 책은 그런 위인전기서가 아니다. 이 책은 부득이 그가 살았던 시대적 아픔으로 인해 그럴 수밖에 없었지만 일제에 협력한 일들을 사실에 입각해서 제시하였다. 이는 그로서는 입에 담고 싶지 않고 감추고 싶은 부끄러움이요, 치욕이다. 이는 황등교회도 마찬가지이다. 그럼에도 이 부분을 굳이 드러내는 이유는 이 책이 의도함이 계원식이라는 한 인물이 흠도 티도 없는 순도 100%의 고귀한 신앙과 인격이 아님을 드러내려 함이다.

우리 역사에 길이길이 빛날 인물들이 많다. 이들은 불꽃처럼 살다간 숭고한 애국지사요, 순교자들이다. 이들을 기념하고 존경하는 기념사업회나 기념행사가 많이 있다. 이는 바람직한 일이다. 그러나 우리 역사에는 마땅히 존경받고 기념할 이들만 있었던 것은 아니다. 이들과는 달리 살아남은 이들이 많이 있다. 이들은 비록 자발적이고 적극적으로 친일을 하고 반민족행위를 해서 부귀영화를 누린 이들은 아니지만 크던 작던 간에 불의에 협력한 것은 사실이기에 이들을 추앙하자고 하기는 어렵다.

한 인물을 평가하려면 적어도 그만큼의 인격을 지녀야한다는 말이 있다. 이들도 우리 역사의 가슴 아픈 현실 속에서 바르게 살아보려고 몸부림치기도 하였다. 이들의 가슴 아픈 선택도 쉬운 일은 아니었다. 어쩌면 저항하기보다 더 고통스러운 게 살아남는 것이었는지도 모른다. 이 말이 이들을 옹호하고 정당화하자는 것은 아니다. 다만 이들의 선택과 그 속에 일그러진 이들의 삶과 양심 그리고 그것의 토대 위에서 피어난 우리 역사를 되새겨 보는 일도 의미 있다는 말이다. 또한 이들의 생존을 위한 몸부림 속에서도 피어난 속 깊은 사랑 깊은 사람향기는 결코 가볍게 여겨져서는 안 된다. 이를 제대로 보고 느끼고 깨달아야 역사를 바로 볼 수 있다. 이런 역사적인 안목을 통해서 우리는 오늘의 우리가 누구인가를, 내일의 우리가 어떠해야하는가를 분

 작은 불꽃, 기성 계원식의 삶과 신앙

명하게 깨달을 수 있다. 지난 역사를 통해 얻어진 열매들은 앞으로 우리 교회와 우리 사회의 새로운 미래를 위한 소중한 생명의 씨앗들이 될 것이다. 이것들이 어떻게 새 시대에 발아하고, 성장하며, 꽃을 피울 것인가? 그것이 오늘 우리의 과제일 것이다.

한 시대와 역사에 커다란 영향력을 끼쳤던 인물의 죽음을 놓고 어느 시인은 "그대 떠난 지구가 "그대 무게만큼이나 가벼워졌다네!"라고 말하였다. 기성 계원식의 신앙과 삶의 흔적을 추적하면서 그의 빛깔과 향기를 느낄 수 있었다. 이 작업을 하면서 그의 자손들과 그와 관련된 오래 전 사람들을 만날 수 있었다. 계원식, 그가 출생한지 130년이 되고, 그가 별세한 지 49년이 되는 오늘 이 시점에 그를 이야기하는 일은 이제 오십에 접어든 필자가 살아온 역사와 살아갈 역사를 되짚어보는 소중한 경험이었다.

오늘 한국교회는 목사는 많아도 목자는 없고, 교인은 많아도 성도(聖徒)는 없다고 한다. 왜 그럴까? 50여 년 전, 그가 세상을 떠날 때보다 오늘 한국 교회는 몇 배의 성장을 하고 교인수와 목사의 수도 기하급수적으로 많아진 것이 사실이다. 그러나 정작 한국교회가 아름드리나무로 숲을 이루고, 꽃을 피워 이 땅에 생명의 씨앗을 심고, 맑고 고운 정신문화의 열매를 거두었는가? 오늘 한국교회의 영적 풍향계는 어디를 가리키고 있는가?

　　한국교회는 오늘날 심각한 위기 상황에 직면해 있다. 오늘 한국교회는 한국사회를 이끌고 나갈 영적 지도력과 자정능력을 잃어가고 있다. 교회가 세상 속에서 교회되지 못할 때, 그것은 교회만의 불행이 아니라, 온 세상의 불행이다. 맛을 잃은 소금은 그냥 버려지는 것이 아니라, 오히려 사람들에게 밟히는 걸림돌이 되고 말 것이다. 물론 이것은 세계화 시대에 다원화한 한국사회의 문화현상들에서 비롯된 도전도 크지만, 이보다 더 큰 것은 교회의 내적 정체성의 혼란에 있다.

　　하나님은 힘없는 자의 편에 서시고, 가난한 자의 편에 서신다. 힘 있는 자, 부자와 손을 잡고 힘없는 자, 가난한 자를 억압하고 착취하도록 하는 하나님이 아니시다. 성경은 그것을 증언한다. 그러면서 교회를 향해 축구한다. 힘없는 자의 손을 잡고 일으켜 세우는 교회가 되라고 한다. 우는 자의 눈물을 씻어주는 교회가 되라고 한다. 힘 있는 자와 부자의 불의한 폭력과 추악한 탐욕을 막아서야한다. 힘 있는 자, 부자 곁에 찰싹 들러붙어서 자신의 욕망을 채우려고 하는 것은 교회가 아니다. 지금 오늘 우리가 살고 있는 이 시대와 사회와 교회가 그의 신앙적 삶을 다시 음미하도록 요청하고 있다. 동백꽃은 세 번 핀다고 한다. 동백나무에서 한번 피고, 땅에 떨어져서 또 한 번 피고, 피고 진 동백꽃을 본 우리의 마음에서 다시 한 번 피어난다고 한다.

오늘 이 시대에 그의 신앙과 삶이 다시 한 번 피어나기를 기대해 본다. 그의 겸손, 그의 성실, 그의 협력이야말로 오늘 우리 신앙인들이, 교회가 반드시 되새겨야할 기독교인성일 것이다.

단재 신채호는 "당신의 나라를 사랑하거든 역사를 읽게 할 것이다. 영토를 잃은 민족은 재생할 수 있어도 역사를 잃은 민족은 재생할 수가 없다"고 말했다. 역사란 과거 속에서 미래의 씨앗을 찾는 것이다. 역사는 살아있는 현재요, 미래이다. 내가 살고 있고 살아갈 우리 지역의 역사는 우리 지역문화를 꽃피울 수 있는 바탕이 된다. 필자는 우리 지역의 유적지를 방문해 그곳에 담긴 역사를 깊게 공부하고, 지역 어르신 한 분 한 분을 모시고 그 분들의 삶을 조명도 해보곤 하였다. 우리 지역 유적지와 지역 어르신들의 삶의 이야기는 엉킨 실타래가 풀려가듯 나오면서 지역 어르신들의 고귀한 삶 속에 지역의 숨결을 공감하게 되었다.

바쁜 업무 가운데 자료를 모으고 정리해 뜻 있는 이들과 이야기를 나누는 가운데 필자의 눈이 트이고 이야기 속에서 값진 보물을 얻는 기쁨이 참 많았다. 지역 어르신들의 언어와 행동을 반조해 보고 역사의 흔적을 찾아다니면서 오늘 이 시대의 나는 어떤 꿈을 꾸고 살아가야하며 어떤 역할을 해야 하는지 생각해 봤다. 역사를 통해 그 시대의 현장 속에 역사의 주인공과 나를 동일시함으로써 느껴보는 내 모습을 발견할 수 있었다.

시간을 엮으면 이야기가 되고, 이야기는 쉼 없이 엮어져 역사를 꽃피운다. 험난한 시간일수록 지혜가 귀를 쫑긋 댄다. 지혜가 속삭이며 시간의 구슬을 세는 사이 역사는 저마다의 사연을 싣고 달리는 수레마차가 된다. 시간이 지나간 자리마다 이야기가 남고, 이야기는 오늘도 역사를 피워낸다. 갓 구워낸 따끈따끈한 고구마를 나눠 먹으며 정답게 마주 앉아서 이야기꽃을 피워내듯이 말이다. 우리 모두 이 '시간과 역사'의 정점에 함께 서 있다.

어눌하게나마 다룬 이 책이 우리 역사를 바르게 의식하고 살아갈 다음세대에게 작은 의미라도 되기를 소망해본다. 그리고 이런 작업이 지어져 다양한 시각에서 지역의 인물을 다루고 그 인물을 통해 지역의 역사를 이해하는 하나의 실마리가 되기를 기대해본다. 우리 모두는 과거의 역사로부터 왔고, 미래의 역사를 만들어가는 사람들이다. 우리 모두는 알게 모르게 역사를 말하고 만들고 있다. 역사는 역사전공자만의 것도 아니고 역사서는 역사전공자만 쓰는 것이 아니다. 누구나 관심 갖고 이야기하고 써 볼 수 있다. 꼭 거창한 단행본 책이 아니더라도 한 꼭지의 글이라도 자기 집안의 인물이나 공동체의 이야기를 표현할 수 있다.

필자는 역사를 통해 지역의 정신을 습득했고, 지역에 대한 깊은 이해를 할 수 있었다. 역사 자체가 문화의 바탕이 된다. 역사의 귀감이 되는 장면들을 벽화나 조형물 등의 미술이나 문학으로 표현해 숨어있는 정신을 밝고 분명하게 표출시키면 좋겠다. 재정적인 여유가 있는 사람이 통 큰 기부를 통해 조형물이 만들어지기도 하지만 평범한 사람들의 마음과 뜻과 정성이 모아져서 값진 조형물이 이뤄지기도 한다. 어떤 이는 땅과 건물을 희사(喜捨)해 역사기념관을 건립하기도 하고, 어떤 이는 집과 땅의 희사로 역사적인 조형물을 제작하기도 한다. 이런 이들의 희사는 지역사회에 귀감이 된다.

우리 지역에 얽힌 선진들의 역사를 기념하고, 소중한 삶들을 순례자들에게 안내한다면 우리 지역의 역사는 더욱 풍요로워질 것이다. 어르신들은 지역의 역사를 눈으로 보고 귀로 듣고 몸으로 마음으로 체험했지만 자라나는 세대는 그럴 수 없다. 이들은 당시의 생생한 이야기를 책으로 공부할 수밖에 없다. 이것은 부족할 수밖에 없다. 책에 담겨지지 않은 무궁무진한 역사의 보물창고를 찾아보는 일이 필요하다. 내가 속한 지역의 역사에 대한 작은 실마리를 찾는 것도 큰 공부다. 이 작업의 하나가 지역 어르신들의 사례담을 발굴하는 것이다. 이 졸작을 통해 지역의 인물들이 새롭게 조명되고, 지역역사연구가 활성화되는 계기가 마련되었으면 좋겠다.

글을 마치면서 문득 바라보는 저기 저 멀리 수많은 별빛 중 하나가 그가 아닌가 하는 생각을 해보았다. 그 이유는 일부러 하늘을 향해 고개를 들고 봐야만 어렵게나마 볼 수 있기 때문이다. 그리고 문득 그가 필자가 살고 있는 농촌 마을 논두렁에 핀 들꽃과 같다는 생각을 해보았다.

▸ 국내논문

김수진, "평신도 운동이 한국교회 성장에 미친 영향에 대한 연구-교회사
　　　적 측면에서",《아세아연합신학대와 미국 풀러신학교 공동목회
　　　학박사학위논문》(1987년 8월).
＿＿＿, "평신도 운동이 한국교회 성장에 미친 영향에 대한 연구" 상편,
　　　《목회》(135권, 1987년 11월).
＿＿＿, "평신도 운동이 한국교회 성장에 미친 영향에 대한 연구" 하편,
　　　《목회》(136권, 1987년 12월).
박태영, "구한말과 일제식민통치 시대의 선교사들의 정교분리 연구", (숭
　　　실대학교 대학원 박사학위논문, 2014).

▸ 국내도서

장만길, 『한국현대사』(창작과비평사, 1984).
＿＿＿, 『일제시대 빈민생활사 연구』(창비, 1987).
＿＿＿, 『고쳐 쓴 한국현대사』(창비, 1994).
김수진, 『자랑스러운 순교자』(기전여자대학, 1981).
＿＿＿, 『6.25 전란의 순교자들』(대한기독교출판사, 1981).
＿＿＿, 『신앙의 거목들』(한국방송선교센터, 1985).
＿＿＿, 『황등교회 60년사』(황등교회 60년사 발간위원회, 1989).
＿＿＿, 『호남기독교100사-전북편』(쿰란출판사, 1998).

______, 『한국 교회를 섬겨 온 장로 열전 1』(쿰란출판사, 2014).

김재두 감수·한승진 서술,『사랑의 종, 그 언저리에서 길을 묻다』(도서출판 박문사, 2016).

김항안, "황등교회, 농촌교회의 성공모델",《목회》(월간목회사, 2016년 4월호, 통권 475권).

계원식, "조선야소교황등교회당회록 기", 『황등교회당회록 1』(1928년).

민경배, 『한국기독교교회사』(대한기독교출판사, 1983).

박세길, 『다시 쓰는 한국현대사 1』(돌베개, 1988).

오찬규, 『익산시교회사』(무궁화기획, 1999).

연규홍, 『예수꾼의 뚝심-동련교회 90년사』(동련교회역사편찬위원회, 1992).

______, 『생명나무에 이르는 길』(한신대학 출판부 2009).

임종국, 『해방전후사의 인식』(도서출판 한길사, 1993).

임희국, "한국교회, 시대정신의 인도자로", 『한국교회, 개혁의 산을 넘어서』(대한예수교장로회 전국은퇴목사회, 2013).

전영철, 『믿음, 그 위대한 유산을 찾아서 1』(도서출판 선교횃불, 2013).

전희종, 『신기교회 50년사』(신기교회 50년사 발간위원회, 2011).

최민수, "계일승(桂一勝) 학장님을 그리며",《새가정》(2015년 2월호).

한승진, 『쉽게 읽는 기독교윤리』(한국학술정보, 2010).

______, 『고령화사회의 현실과 효윤리』(한국학술정보, 2011).

______, 『노동의 현실과 사회윤리』(한국학술정보, 2012).

______, 『현실사회윤리학의 토대 놓기』(도서출판 박문사, 2013).

______, 『제1회 기성 계원식 기념 화해 문예제전』, 「기획안」(2016년 4월 24일).

『학교법인 황등기독학원 신정관』(2014년).

『황등교회 창립 50주년 기념. 연혁. 화보』(1978년).

『황등교회 창립 70주년 기념. 연혁. 화보』(1998년).

『은혜의 80년, 희망찬 다음 세대』(2008년) CD 자료집.

『황등 지역 교회 연혁』(2009년 2호).
『2018 황등교회 요람』.

▶ 국내번역서

브루스 커밍스, 『한국전쟁의 기원』, 김주환 옮김(청사, 1986).
E. H. 카아, 『역사란 무엇인가』, 김택현 옮김(까치, 2007).

▶ 국외물

Chen, Carolyn, "From Filial Piety to Religious: The Immigrant Church Reconstructing Taiwanese Immigrant Families in the United States", *International Migration Review* (Volume 40, Issue 3, August 2006).
Clark, Charles A. The Nevius Plan for Mission Work in Lorea (Christian Literature Society, Seoul, 1937),
Kay, il Seung, Christianity in Korea (Union Seminary, Th.D, 1950).

▶ 국내신문류

강경구, "美 선교사들 사이서 한국인 목회자 시대 연 '윤식명'-1909년 호남지역 최초 목사 안수 … 목포교회 담임 부임", 《전남도민일보》(2015년 6월 17일).
김수진, "걸어 다니는 성경책, 계원식 장로", 《한국장로신문》(2009년 4월 18일).
______, "6.25전쟁 시 시국대책위원장으로 활동하다가 순교한 변영수 장로", 《한국장로신문》(2011년 6월 4일).

김인수, "〈9〉 계일승 목사, 1. 출생과 교육", 《한국기독공보》(2009년 7월 29일).

______, "〈9〉 계일승 목사, 2. 교수와 대외 활동", 《한국기독공보》(2009년 8월 13일).

______, "신학사상 〈9〉 계일승목사", 《한국기독공보》(2009년 8월 18).

《신한민보》(1919년 7월 12일).

익산시공보담당관실, "익산 유래-크고 웅장한 등성이에 보물 담겨 있는 황등", 《익산시민뉴스》(2013년 11월 13일).

정재영, "군산 구암교회-삼일(3.1절)애국신앙계승", 《기독신문》(2013년 3월 23일).

조경환, "제1회 기성 계원식 기념 화해문예제전", 《전라매일신문》(2016년 6월 12일).

▸ 기타자료

석춘웅 초안 작성, "조사"(이대호 장로 약력), 『황등교회 장례식』(2009년 2월 28일).

이대호 작성, "조사"(김은기 장로 약력), 『교회 연합(황등신흥, 번영, 흰 돌) 장례식』(1994년 3월 1일).

▸ 영상자료

『황등교회 카페』, 「황등교회역사」"〈영상자료〉 황등교회 65주년 기념 영상3_계원식 장로님 기념사_김정선. 전기년 집사_이종용·최정은 대화".

▶ 인터넷 검색

『동련교회 홈페이지』(내 마음의 동련교회),「교회연혁」.
『산정현교회 홈페이지』,「평양산정현교회 역사」.
『서울대학교 의과대학』,「역사」.
『숭실대학교 홈페이지』,「숭실 연혁」.
『장로회신학대학교 홈페이지』,「역사」.
『이리중앙교회 홈페이지』,「인터넷역사관」.

▸ **장남: 계일승 목사**(황등교회 담임목사, 장로회신학대 학장)

▸ **안인호 사모 슬하**

계성순 권사(한순욱 집사)

계은순 권사(고신열 장로)

  - 고현영(서울수송교회 목사)

계양순 권사(호기선 장로)

계지영 목사(박은덕 사모)

계지화 장로(박선애 권사)

계지광 집사(이화자 전도사)

▸ **서금선 사모 슬하**

계혜순 집사

▸ **차남: 계이승 장로**(김봉도 권사)

계창순 권사, 계창호 장로(태정화 권사), 계미란 권사,
계창남 집사, 계창복 집사

▸ **장녀: 계대승 권사**(조성덕 장로)

조혜자 사모(김경훈 목사), 조현철 장로, 조기철 목사, 조영철 집사

▸ **차녀: 계혜승 권사**(양기백 집사)

양 Won, 양 Ellen, 양 Ruth

1888.9.9.	계택선의 장남으로 평양 외곽 기성 마을에서 출생
1904.4.5.	평양 장대현교회에서 세례 받음(마포삼열 선교사)
1904.10.4.	이영언의 삼녀 이자희와 결혼
1905.6.24.	평양 야소교소학교(숭덕학교) 졸업
1906.1.26.	평양 장대현교회에서 산정현교회 분립으로 산정현교회 출석
1908.11.5.	기성 측량학교 수료
1909.5.13.	숭실중학교 졸업
1911.5.13.	숭실대학 2년 수료
1911.	경성학당 국어과(일본어) 수학
1916.3.31.	서울대 의과대 전신인 경성의학전문학교 졸업
1916.4.19.	평양에서 기성의원 개업
1919.3.	상해임시정부에 독립군자금 제공
1919.3.	군산 구암기독병원 의사
1921.3.19.	전북 익산군 황등면 황등리에 기성의원 이전 개업
1921.7.7. ~1922.4.6.	〈기독신보〉에 "유대풍습"을 1회부터 34호에 걸쳐 연재
1921.10.9.	동련교회 장로 임직
1921.10.13.	기성의원에서 4일기도회와 교회학교 시작(황등교회 시작)
1922.10.5. ~11.1.	〈기독신보〉에 "의원 아내 병을 고치다"를 1회와 2회 연재
1924.4.1.	계동학교 교장
1928.7.7.	황등교회 설립자대표
1932.9.10.	금암교회 분립 장로위원
1939.10.5.	군산노회 회계
1940.10.16.	국민총력황등기독교연맹 이사장
1946.10.31.	황등면 후생사업 협회장
1946.12.18.	한민족대표 외교사절단 후원회장
1960.	황등기독학원 법인설립 신청 대표자, 법인 초대이사
1964.	황등교회 성전건축 기성회장
1970.2.17.	서울 장로회신학대 학장(계일승) 사택에서 별세(83세)

〈작은 불꽃, 기성 계원식의 삶과 신앙〉을 읽고

이철은*

계원식, 황등교회를 다니고 또 황등의 수많은 교인들은 그의 이름 석 자를 한 번쯤은 들어봤을 것이다. 하지만 그의 삶과 뜨거웠던 신앙에 대하여 자세히 아는 사람은 적다. 나는 적어도 황등에 발을 담고 있고 설령 잠시 머물다 떠난다 하더라도 그의 삶에 대해서는 깊게 깨닫고 마음에 새길 필요가 있다. 더더욱 이 책을 읽고 나서는 그런 생각이 떠올랐다. 꼭 교회를 다니는 사람만이 아니어도 황등에 살고 있는 주민이라면 한 번쯤은 이곳 황등을 위하여 소리 없는 봉사와 희생을 실천한 그의 삶은 기억할 필요가 있지 않을까? 또한 황등교회를 섬기는 교인의 마음도 다시 한 번 성찰할 수 있을 것이다.

우리 곁에 항상 역사는 존재하고 역사는 다시 새겨야 할 진

---

* 성일고등학교 3학년으로 글쓰기를 즐겨한다. 제2회 기성 계원식 기념 화해문예제전에서 한일장신대총장을 수상하였고, 효도글짓기부문으로 보건복지부장관상을 수상하였다.

실한 증언이며 지침서이다. 그의 삶, 그가 살았던 시대상황, 그가 행해왔던 순수한 신앙의 모습들은 잊지 말아야 할 증언이고 지금 우리 삶의 지침서이다. 그런 그를 모르고 깨달으려 하지 않는 자세를 보인다면 더 이상 하나님 앞에 진실한 기도를 드릴 수 없을 것이다. 우리가 거닐고 있는 이 곳 황등에는 지울 수 없는 아픈 역사가 있었고, 우리 모두가 본받고 싶은 신앙을 새긴 계원식이 있었다.

1907년 평양대부흥운동 당시 길선주가 한 말이 있다. "맛을 잃은 말라빠진 사람들아." 이 말에 마음 깊은 곳에서 묵직한 울림을 느꼈다. 역사를 알고 그 믿음을 내면화하는 일은 당시 평양 사람들이 기본적으로 지녀야 할 첫 번째 숙제였다. 그다음 믿음의 내면화로 다져진 뜨거운 가슴을 내세워 앞으로 나아가야 하는 그들의 숙명인 두 번째 숙제가 있었다. 당시의 말은 지금의 우리에게도 적용된다. 믿음의 내면화는 우리 모두의 첫 번째 숙제이다. 이를 넘어서는 두 번째 숙제가 있다. 우리는 다른 한 명 한 명에게 믿음을 전도하고 그 믿음이 올바른 길로 갔는지 살피며 그들의 삶에 하나님을 받아들일 사랑의 공간을 가질 수 있도록 도움을 주어야 한다. 이를 위한 자세는 계원식의 삶과 신앙에서 찾아 볼 수 있다. 그는 자기보다 남을 위해 희생하였다. 권력과 지위를 멀리하여 한 곳에 머물지 않았다. 다양한 곳에서 자신을 낮춘 채로 사람을 대했다. 만나는 모든 이들에게 하나님의 사랑과 믿음을 새기도록 도와주었다.

위인이란 위인전에만 나오는 인물에 한하지 않는다. 널리 알려지고 유명한 인물만이 위인이 아니다. 우리 옆의 친구도 위인이며 선생님도 가족도 위인이 될 수 있다. 계원식의 삶과 신앙은 지금의 우리에게 본이 되고 존경의 대상이 된다. 계원식은 하나님 아래에서 앞으로의 삶을 어떻게 살아가야 하는지에 대해 도움을 준 사람이기에 위인이다. 지금의 황등은 역사 속의 계원식을 비롯한 많은 위인들이 있었기에 존재한다. 황등을 넘어서 지금의 대한민국도 이들의 순결한 의식과 신앙을 비롯했기에 존재한다.

이 책을 읽고 난 뒤 난 역사의 본질을 다시 한 번 깨달을 수 있었다. 잊지 않아야 할 이야기, 잊지 않아야 할 그들의 삶을 다시 한 번 마음속에 기억하면서 나아가 지금 우리의 삶에 적용시킨다면 역사 속의 그들은 흐뭇하게 우리를 바라볼 것이다. 지금의 행복을 누리는 우리는 뼈아픈 역사가 있었기에 존재한다. 계원식과 같은 이들이 치열하게 지켜낸 민족과 신앙 그리고 뜨거운 가슴을 당당하게 내세우며 달려갔던 삶을 지금 편안한 마음으로 읽을 수 있고 본받을 수 있다는 것은 큰 감동과 기쁨이다. 오늘도 내일도 난 또 다시 황등교회가 세운 성일고등학교에 오고가면서 황등 거리를 걸을 것이다. 계원식을 비롯한 황등을 위해 사랑으로 섬기신 그들의 노고를 읽은 뒤에 황등에서 학교를 다님에 가슴 깊은 곳에서 뜨거운 자부심이 올라왔고, 황등 거리를 걷는 이곳의 한 발 한 발이 소중해졌다. 문득 고개를 들고 보니 푸른 하늘빛 저 멀리서 계원식이 흐뭇하게 내려다보는 것 같기도 하다.

저자 한승진   **소통 길잡이** esea-@hanmail.net

성공회대 신학과, 상명대 국어교육과, 한국방송대 국어국문학과 · 교육과 · 가정학과 · 청소년교육과 · 가정학과를 졸업했다. 학점은행제로 사회복지학, 아동학, 청소년학, 심리학, 상담학으로 학위를 취득했다. 한신대 신학대학원 기독교윤리학(신학석사), 고려대 교육대학원 도덕윤리교육(교육학석사), 중부대 원격대학원 교육상담심리(교육학석사) · 중부대 인문산업대학원 교육학(교육학석사), 공주대 특수교육대학원 중등특수교육(교육학석사), 공주대 대학원 윤리교육학과(교육학박사)로 학위를 취득했다. 현재는 한국방송대 미디어영상학과 재학중이다.

월간 『창조문예』 신인작품상 수필로 등단하였고, 한민족통일문예제전에서 전북도지사상과 전북교육감상 등을 수상하였고, 효실천 글짓기 공모전에서 대상을 수상하였다. 익산 황등중학교 학교목사와 선생이면서, 황등교회 유치부 교육목사와 『투데이안』 객원논설위원과 『전북기독신문』 논설위원으로 활동하고 있다. 인터넷신문 『투데이안』과 『크리스챤신문』과 『전북기독신문』, 『익산신문』, 『굿뉴스21』에 글을 연재하고 있고, 대전극동방송 익산본부에서 청소년바른지도법(청바지) 칼럼을 방송하고 있다.

공동 집필로는 고등학교 교과서 『종교학』이 있으며, 단독 저서로는 『종교, 그 언저리에서 길을 묻다』, 『기독교, 그 언저리에서 길을 묻다』, 『사랑의 종, 그 언저리에서 길을 묻다』, 『쉽게 읽는 기독교윤리』외 다수가 있다. 번역서로는 『예수님이라면 어떻게 하실까』가 있다.

작은 불꽃, 기성 계원식의 삶과 신앙

초판인쇄 2018년 06월 15일
초판발행 2018년 06월 21일

저   자 한승진
발 행 인 윤석현
책임편집 안지윤
발 행 처 도서출판 박문사
주   소 서울시 도봉구 우이천로 353 성주빌딩 3F
전   화 (02) 992-3253(대)
전   송 (02) 991-1285
전자우편 bakmunsa@hanmail.net
홈페이지 http://jnc.jncbms.co.kr
등록번호 제2009-11호

ⓒ 한승진 2018 Printed in KOREA.

ISBN 979-11-89292-05-8 00210   정가 15,000원